アメリカ

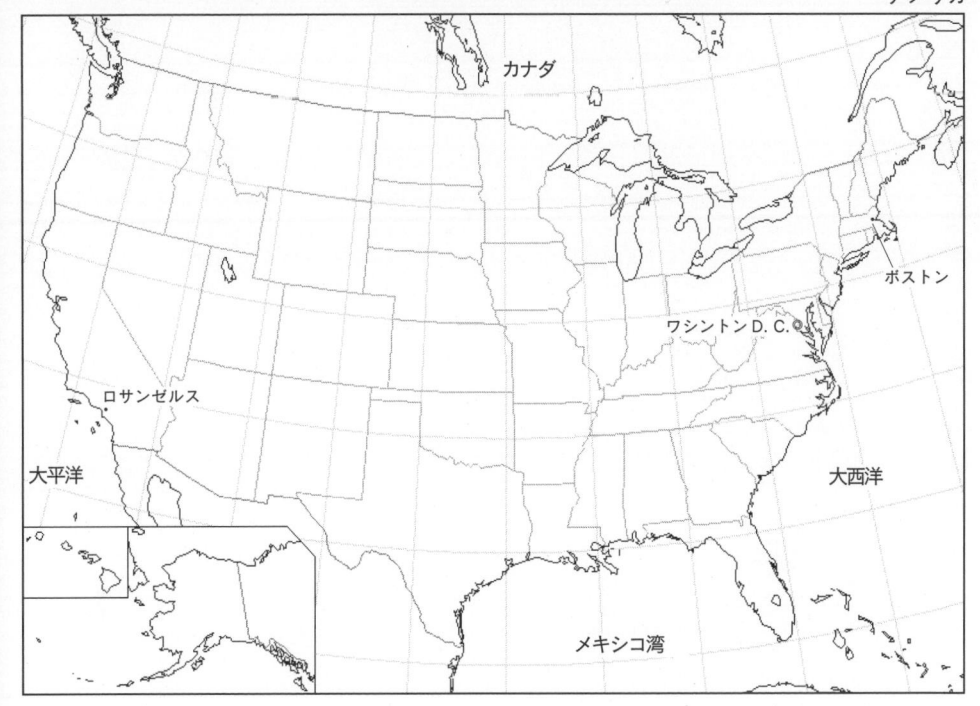

- カナダ
- ボストン
- ワシントンD.C.
- ロサンゼルス
- 大平洋
- 大西洋
- メキシコ湾

オーストラリア

- インド洋
- ダーウィン
- ノーザンテリトリー
- 珊瑚海
- ブリスベン
- パース
- アデレード
- シドニー
- メルボルン

世界の英語を映画で学ぶ

- イギリスの英語 ◎『日の名残り』
- アメリカの英語 ◎『クラッシュ』
- アイルランドの英語 ◎『ザ・コミットメンツ』
- オーストラリアの英語 ◎『オーストラリア』
- 南アフリカの英語 ◎『第9地区』
- インドの英語 ◎『モンスーン・ウェディング』
- シンガポールの英語 ◎『フォーエバー・フィーバー』

山口美知代 編著　浅井　学／出口菜摘／野口祐子／溝口昭子 著

松柏社

世界の英語を映画で学ぶ　目次

第1章　世界の英語を映画で学ぶ　4
　コラム●日本英語が聴ける映画　12
　コラム●中国英語が聴ける映画　13

第2章　イギリスの英語『日の名残り』　14
　コラム●「東京」は「トウキョウ」?「トーキョー」?　36
　コラム●ウェールズ英語が聴ける映画　37

第3章　アメリカの英語『クラッシュ』　38
　コラム●カナダ英語が聴ける映画　59
　コラム●ジャマイカ英語が聴ける映画　60
　コラム●チャットでのスピーキング能力の育成　61

第4章　アイルランドの英語『ザ・コミットメンツ』　62
　コラム●スコットランド英語が聴ける映画　84
　コラム●方言指導、映画製作の立場から見る「映画と多様な英語」　85

第5章　オーストラリアの英語『オーストラリア』　86
　コラム●ニュージーランド英語が聴ける映画　105

第6章　南アフリカの英語『第9地区』　106
　コラム●ピジン、クレオール　129

第7章　インドの英語『モンスーン・ウェディング』　130
　コラム●強勢拍と音節拍　148
　コラム●英語学習におけるICTの活用　149

第8章　シンガポールの英語『フォーエバー・フィーバー』　150
　　コラム●タイでの英語教育事情　166
　　コラム●フィリピン英語が聴ける映画　167

発音記号リスト　168
あとがき　171
執筆者紹介　174
執筆担当一覧　177

Chapter 1 世界の英語を映画で学ぶ

1 はじめに

　大学の授業で、在米インド系移民を扱った映画『その名にちなんで』や、エチオピアのコーヒー農業を扱ったドキュメンタリー映画『おいしいコーヒーの真実』などを使って、世界各地の英語について紹介すると、受講生からさまざまな反応が返ってくる。

　「聴き慣れない英語でわかりにくかった」という声もあれば、「発音が日本人の英語と似ていて親しみがわいた」という声もある。「高校のときのティーチング・アシスタントの先生がインド人だったので、インド英語を聴いてなつかしかった」、「修学旅行でシンガポールに行ったときのことを思い出した」、「アメリカでホームステイしたときにいろいろな国の人と英語で話したときの特徴と同じだった」などのコメントも返ってくる。こうした反応から、近年、日本の英語学習者が世界中の様々な地域の英語に触れる機会が増えてきたことを実感する。

　一方で受講生のなかには、学校の教材で耳にする標準的なアメリカ英語以外の英語に初めて触れたという人も少なくない。「地域による英語の発音の違いが、日本人の自分にも分かるほどはっきりとしているのに驚いた」という感想も多くある。英語は国際共通語と言われるようになり、例えば TOEIC® Test のリスニングのパートには、アメリカ英語以外も用いられるようになってきたが、やはりまだまだ、学校教育のなかで多様な英語に触れる機会は多くないのだろう。

　本書では、世界の色々な国や地域で話されている英語をより身近に感じてもらえるよう、映画を題材としながら、そこで用いられている英語について、発音・文法・語彙の特徴や文化・歴史的背景を解説する。

2 「世界諸英語」とその分類

　世界各地で話される英語は多様で、それぞれの特徴を備えていることを表す「世界諸英語」(World Englishes) という概念がある。English という語は、通常不可算名詞として扱われるが、あえて複数形にして多様性を示しているのである。同じような考え方として「英語系諸言語」(The English Languages) や、「新英語」(New Englishes) などもある。

　世界諸英語という考え方は、1985年にイリノイ大学のブラジ・カチュル (Braj Kachru) とハワイ大学のラリー・スミス (Larry Smith) が雑誌『世界諸英語——国際語・国内語としての英語』(*World Englishes: Journal of English as an International and Intranational Language*) を創刊して以来、広く知られるようになった。『世界諸英語』誌は「世界のすべての英語は（母語、非母語共に）等しくそれを話す話者のものであって、個別的・集合的に、真剣に継続して研究する価値がある」という立場を取り、この立場に基づいた研究を推進する場を提供している。

　世界諸英語は、話者によって大きく三つに分類される。母語としての英語 (English as a Native Language、略して ENL)、第二言語としての英語 (English as a Second Language、ESL)、外国語としての英語 (English as a Foreign Language、EFL) である。この三区分に基づいて世界諸英語の関係を表したのがカチュルの同心円モデルである（図参照）。母語話者の英語が「中心円」(Inner Circle) で、母語でない公用語、第二言語として話されている英語の「外円」(Outer Circle) がその外側にあり、さらにその周りに外国語として話される英語の「拡大円」(Expanding Circle) がある。

　「中心円」の国とされるのは、古くからの英語圏の国、つまりイギリス、アメリカ、アイルランド、カナダ、オーストラリア、ニュージーランドなどである。「外円」の国にはインド、シンガポールなどが含まれる。「拡大円」の国には中国や韓国など東

カチュルの同心円モデル

アジアの国や、フランス、ドイツなどのヨーロッパ諸国があり、日本もここに入る。『地球語としての英語』のなかでデイヴィッド・クリスタルは、中心円の英語母語話者が合計 3.2 〜 3.8 億人、外円の英語話者が合計 1.5 〜 3 億人、拡大円の英語話者は多く見積もると 10 億人にのぼると推定している。実際には各区分の話者人口の正確な把握は難しく、また、母語話者と第二言語話者の違い、第二言語話者と外国語話者の違いなども区別しにくい場合がある。明らかなのは、拡大円が文字通り拡大し続けており、こうした話者の増加が今日の英語話者の世界的な増加に直結していることである。

3　日本人英語学習者と「世界諸英語」

　外国語として英語を用いる人が世界的に急増している今日、日本人が英語を用いるときにも、英語の非母語話者と話すことがますます増えてくる。英語は母語話者間や、母語話者と非母語話者の間だけでなく、非母語話者同士のコミュニケーションのための重要な国際共通語となっているのだ。

　それでは、このような状況にあって日本人学習者は、英語を学ぶ際に世界諸英語の特徴についてどのように学んでいったらいいのだろうか。世界諸英語という側面を日本の英語教育ではどのように捉えて教えていったらいいだろうか。大事な点は二点ある。第一に、英語の基本的な構造を学ぶことが大事だということ、そして第二に、基本的な構造を理解した上で、多様な英語の特徴を認識して慣れると、コミュニケーションが容易になるということである。

　まず第一点について説明しておこう。世界諸英語といってもあくまでも「英語」なのだから、日本の学校教育で学ぶ英語の基本的な発音、文法、語彙特徴をしっかりと理解していれば、世界諸地域の話者の英語も基本的には理解できるし、コミュニケーションできるということである。特に書き言葉の差異は話し言葉の差異に比べてはるかに小さいので、書

かれた英語がわからないことはほとんどない。

　大事なことの第二点は（第一点と反対のことをいうことになるが）、「世界諸英語」はやはりそれぞれの特徴を備えている。聴き慣れていない種類の英語は、慣れるまではやはり理解しにくいことがある。例えば、日本人にとっては同じアジアの人が話す英語とはいえ、インド英語やシンガポール英語などは、わかりにくいと感じられる代表例だろう。しかしこうした英語も、個々の発音、リズム、アクセント、イントネーションの特徴を理解したうえで、「耳を慣らす」ことにより、聴解が容易になりコミュニケーションがとりやすくなるのである。

　この第二点を意識して、本書では特に世界諸英語の発音上の特徴、聴解へのヒントの記述に力を入れている。ただその際に本書では「訛り」という言葉をあえて使わないで、発音の特徴を具体的に記述することを心がけた。標準発音とは異なる発音、地域固有の特徴が強く出た発音のことを「訛り」と呼ぶことで、価値評価が加わると考えるからである。ある特徴を備えた発音体系を意味する"accent"の訳語として「訛り」が使われることも多いが、入門的な性質の本書では、これを避けた。

　発音記述に関しては、イギリス英語の発音（具体的には『ロングマン英語発音辞典』(Longman Pronunciation Dictionary)の音韻体系を参照し、/ /を使って表記する。これに対して、世界諸英語での個別の音声的特徴については、[ ]で表す。正確にいうと、それぞれの英語変種のなかに固有の音韻体系が成立しており、そのなかにさらに音声的特徴が出現するのであるが、本書ではわかりやすいシンプルな記述のためにこうした記述方法をとっている（使用発音記号一覧はpp.168-170参照）。またカタカナ表記も随時用いる。

4　映画で学ぶ世界の英語

　本書では、各章でイギリス、アメリカ、アイルランド、オーストラリア、南アフリカ、インド、シンガポールの英語の特徴を、その国で製作され

た映画を一つずつ取り上げながら論じる。世界諸英語三区分にあてはめると、母語としての英語は、イギリス、アメリカ、アイルランド、オーストラリアの英語であり、第二言語としての英語は、インド、シンガポールの英語である。南アフリカには、英語母語話者と非母語話者が混在するが、本書で扱う映画では非母語話者が中心である。また、コラムで日本、韓国など外国語として英語を話す国を取り上げている。

　各章では冒頭で、その章で扱う英語についての概要（歴史、発音・文法・語彙・語法の特徴など）を紹介する。続く本文では、その国・地域の特徴が表れている映画を取り上げ、英語の特徴や言語文化を紹介する。読者がさらにその映画について自身で考えるきっかけとなる質問も用意している。各章末には、章で扱った内容について理解を深めるための「読書案内」と、執筆者が参照した文献を「参考文献」として載せている。

　本書は映画を観ていなくても理解できるように記述してあるが、できれば、本書を読む前か後、または読みながら、取り上げられている映画をＤＶＤなどで実際に観て頂きたい。それによって、英語の特徴や言語文化的背景への理解がより深まるだろう。このため本書で取り上げる映画は、日本でＤＶＤが発売されていて、入手が難しくないものを中心とした。各章で引用した台詞の後には、そのシーンを探し出すための目安として時刻を記してある。映画本編の開始時刻をゼロ点（00:00:00）とした時の経過時間を記したが、メディアや機器によって誤差が生じることがある。

　なお、映画を使って英語の特徴を学ぶ際の前提として、いくつかの点を確認しておきたい。第一に、映画の英語は、録画・録音されて編集されたものであり、どれほど自然でリアルな会話に聴こえるものでも、自発的な自然な会話とは異なる。

　例えば映画のなかの方言は、「方言らしい」特徴を備えながらも、その方言を知らない観客に通じるものでなければならない。メッセージが伝達され、コミュニケーションが成立しなければならないのだ。そのよ

うに配慮された「ステージ・ダイアレクト」(stage dialect、映画・ドラマ・演劇で用いられる舞台用の方言)が用いられていることも多い。

　しかし、このような点を承知した上で適切な映画を選んで用いるなら、映画は日本人英語学習者が世界諸英語を耳にするときの恰好の窓口となる。映画としてのストーリーを楽しみながら、手軽に、また気軽に、多様な英語に触れることができるからだ。本書を読んで世界諸英語を学ぶおもしろさを感じた人は、ぜひ次は各章で紹介している映画を初めとして、他の地域の英語が出てくる映画なども観て頂きたい。

読書案内

　最初に世界諸英語の全体図をつかむための、入手しやすい日本語の書物として(1)〜(4)を挙げる。(5)〜(7)はいずれも1990年代後半に書かれ、その後の「世界諸英語」研究の中でよく言及されている基本文献。(8)は現在入手困難だが、具体的な記述が充実しており図書館などで探して欲しい。

(1) 『世界の英語への招待』(田中春美、田中幸子編著、昭和堂、2012年。)世界各国・地域の代表的英語を紹介した入門書。

(2) 『世界の英語を歩く』(本名信行著、集英社新書、2003年。)「ノンネイティブの英語事情」「ネイティブの英語事情」をわかりやすく紹介。「文化の多様性と英語コミュニケーション」と「世界に発信するための英語」について提言している。

(3) 『英語の歴史──過去から未来への物語』(寺澤盾著、中公新書、2008年。)英語史全体の流れにおいて世界諸英語がどのように変化したかをわかりやすく説明している。

(4) 『英語の冒険』(メルヴィン・ブラッグ著、三川基好訳、講談社学術文庫、2008年。)英語史が読み物に近い形で書かれている。Melvin Bragg, *The Adventure of English*. Sceptre. 2004. の翻訳。イギリスの民放TV局グラナダで製作された同名の番組の脚

本と並行して書かれた。
(5) 『地球語としての英語』(デイヴィッド・クリスタル著、國弘正雄訳、みすず書房、1999年。) David Crystal, *English as a Global Language*. Cambridge University Press, 1997. の初版の翻訳。英語では2003年に第2版が出ている。
(6) 『英語の未来』(デイヴィッド・グラッドル著、山岸勝榮訳、研究社、1999年。) David Graddol, *The Future of English?* British Council, 1997. の翻訳。
(7) 『英語系諸言語』(トム・マッカーサー著、牧野武彦監訳、山田茂、中本恭平訳、三省堂、2009年。) Tom McArthur, *The English Languages*. Cambridge University Press, 1998. の翻訳。
(8) 『国際英語──英語の社会言語学的諸相』(ピーター・トラッドギル、ジーン・ハンナ著、寺澤芳雄、梅田巌訳、研究社、1986年。) Peter Trudgill and Jean Hannah, *International English: A Guide to the Varieties of Standard English*. Edward Arnold, 1982. の翻訳。社会言語学者トラッドギルが英語を母語または第二言語として話している地域の英語について記述している。

まだ翻訳はないが21世紀になってから出版された主要な文献には以下がある。
(9) Braj B. Kachru, Yamuna Kachru, and Cecil L. Nelson (ed.), *The Handbook of World Englishes*. Wiley-Blackwell, 2009.「世界諸英語」研究第一人者とも言えるインド系アメリカ人ブラジ・カチュルらを編者とする論文集。
(10) Andy Kirkpatrick (ed.) *The Routledge Handbook of World Englishes*. Routledge, 2010. 香港(後にオーストラリア)を拠点に「世界諸英語」研究を行っているアンディ・カークパトリックを編者とする概説書。
(11) Mouton de Gruyter 社の *Varieties of English*(全4巻、2008年)

は、取り上げている英語の変種の数が多く、またそれぞれの音声・文法・語彙的特徴についての具体的分析が詳しい。
(12) Routledge 社の *World Englishes: Critical Concepts in Linguistics*（全6巻、2006年）は、「世界諸英語」を研究するための理論的枠組み、隣接分野との関連について論考が多く収録されている。

日本英語が聴ける映画

　明治時代の日本が舞台になったハリウッド映画『ラスト・サムライ』では、日本人俳優による英語の台詞を多く聴くことができます。明治維新後も武士として暮らしている細川勝元役の渡辺謙の英語は非常に流暢です。ただ、主人公トム・クルーズのアメリカ英語と聴き比べると、話し言葉に特有の複数の単語の連結での違いが感じられます。そしてなぜ勝元がこれほど流暢な英語を話すのかは映画のなかでは説明されません。一方、明治天皇役の中村七之助の英語は very much の /v/ が /b/ になっているなど、日本人英語の音声特徴が表れています。

　日本映画のなかにも、日本人が英語を話している場面があります。例えば『ダーリンは外国人』(2011) は、マンガ家を目指す日本人女性が、日本で暮らし、日本語が堪能なアメリカ人男性と、恋愛を経て国際結婚に至る過程を描いた映画です。主人公は、いかにも英語が苦手だという感じで英語を話しています。

　『銀幕版スシ王子！──ニューヨークへ行く』(2008) では、「天才寿司職人」と言われる日本の若者がニューヨークで修業を積む様子が描かれています。日本の TV ドラマを元にした日本語映画ですが、英語の台詞も多くあります。主人公が "I just want to ..." というのに一語一語すべての音をはっきり「ウォント・トゥ」と発音していたところ、英語のうまい別の日本人に「それじゃわかんない」と言われて、want の最後の t を to の最初の t につなげるような発音に直すところなども興味深い場面です。

［読書案内］
末延岑生『ニホン英語は世界で通じる』平凡社新書、2010 年。
福江誠『日本人が知らない世界のすし』日経プレミアシリーズ、2010 年。

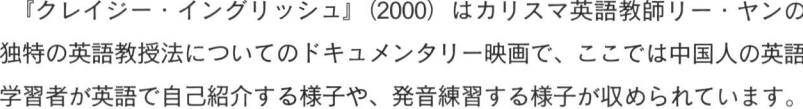

中国英語が聴ける映画

　『クレイジー・イングリッシュ』(2000) はカリスマ英語教師リー・ヤンの独特の英語教授法についてのドキュメンタリー映画で、ここでは中国人の英語学習者が英語で自己紹介する様子や、発音練習する様子が収められています。

　一方、英語圏で暮らす移民の様子を描いた映画でも中国的特徴を備えた英語を聴くことができます。例えば『ジョイ・ラック・クラブ』(1993) には、アメリカで暮らす中国系移民一世と二世の英語の違いが表れています。

　また、中国系スターが活躍するハリウッド映画でも中国人の英語を聴くことができます。例えば、香港カンフー映画のジャッキー・チェンは、数多くのハリウッド映画に出演している大御所で、広東語、北京語が堪能、英語も非常に流暢です。彼の最近の出演作に『ベスト・キッド』(2010) があります。物語はアフリカ系アメリカ人の9歳の少年が母親と二人で北京に引っ越してくるところから始まります。少年は最初同年代の中国人男子たちにいじめられるのですが、ジャッキー・チェン演じるアパートの管理人男性にカンフーを習い、武道大会でいじめっ子たちと対決するのです。主人公の少年や母親はアメリカ英語を話しています。中国人の子供たちは中国語（北京語）を話すことが多いのですが、場面によっては英語も使っています。/v/ の子音が [w] のように発音されがちな中国の英語の特徴を聴くことができます。ジャッキー・チェンの英語は例えば "Fight hard." というときに語末の /t/ や /d/ を発音せず喉で止めて（声門閉鎖音）「ファイッ　ハーッ」というように発音するところが特徴的です。

［読書案内］
田中春美「東アジアの英語」田中春美、田中幸子編『世界の英語への招待』昭和堂、2012 年。
Joseph Lo Bianco, Jane Orton and Gao Yihong. Eds. *China and English: Globalisation and the Dilemmas of Identity*. Channel View Publications, 2009.

Chapter 2 イギリスの英語『日の名残り』

イギリス英語の概要

　イギリスの正式名称はグレート・ブリテンおよび北アイルランド連合王国で、イングランド、ウェールズ、スコットランド、北アイルランドから成る人口約 6,100 万人の国である。

　英語は明文化された公用語ではないが、国の主要言語である。イギリス英語というときには、一般にイングランド英語を指す。他にスコットランド英語、北アイルランド英語、ウェールズ英語がある。

　英語はヨーロッパ大陸のゲルマン民族（アングロ族、サクソン族、ジュート族）がブリテン島に 5 世紀頃もたらした。古英語（Old English, 450-1100 年頃）、中英語（Middle English, 1100-1500 年頃）、近代英語（Modern English, 1500-1900 年頃）、現代英語（Present-day English, 1900 年頃 - 現在）の段階を経て発展した。

　今日英語が世界中に広がっているのは、17 世紀以降のイギリスの海外拡張政策のためである。こうした歴史から、イギリスは世界の英語教育産業において影響力を持っており、イギリス英語はアメリカ英語とならんで学習者が習得を目指すモデルにされることが多い。

　イギリスの標準英語は、ロンドンを含むイングランド南東部の方言をもとにして確立された。標準英語の発音は「容認発音」(Received Pronunciation、以下 RP と記す) と呼ばれる。RP は高等教育を受け専門職に就いているエリート層の話す英語の発音で、社会的威信がある半面、気取った発音と受け止められることもある。

　イギリス英語では地域方言間の差が大きく、地域によって発音、文法、語彙が異なる場合がある。よく知られているのはロンドンの地域方言コックニーである。コックニーは労働者階級の英語というイメージがあるが、これは高等教育を受けた人々が、地域方言ではなく RP を使うた

めである。なおロンドンを中心とするイングランド南東部では近年コックニーの特徴を交ぜた話し方（河口域英語、Estuary English、以下 EE と記す）もよく聞かれる。

発音

　日本人学習者が聴き取りやすいイギリス英語の発音の特徴を挙げてみよう。まず、イギリス英語ではイントネーションの起伏が大きい。特に、高いところから下降するトーン（high fall）は特徴的である。

　RP らしさを感じさせる発音に castle や can't の [ɑː] がある。カースル、カーントと発音される。また、母音（→ p. 36 のコラム参照）のあとの r を発音しないので car や girl の発音で、母音のあとに巻き舌のような r が入らない。not や stop の母音は [ɒ]（口を大きく開いたオ）で、ノット、ストップと発音される。また、poor や sure などの母音に二重母音 [ʊə] ではなく [ɔː] を用いる人が増えている。ポー、ショーと発音される。why、what など語頭の <wh> は [w] と発音され、ワイ、ワットとなる。

　RP の特徴的な単語の発音を挙げると、either、neither の母音として [iː] 以外に [aɪ] も用いられることや often の t が黙字ではなく発音されることがある。schedule の語頭に [s] ではなくて [ʃ]、次の子音に [dʒ] ではなく [dj] を用いて、スケジュールではなくシェデュールと発音する人もいる。

　地域方言でよく見られる、RP と異なる発音の例を挙げる。語頭の h を発音せず、Henry がヘンリではなくエンリになるのは、コックニーをはじめとする多くの地域方言で聞かれる。[eɪ] が [ʌɪ] となり、day がデイではなくダイとなる特徴は、コックニーを始めとしてイングランド南東部、西部、中部の地域方言で聞かれる。bus や cut の母音が [ʌ] ではなく [ʊ] と発音され、バスではなくブスとなるのは、イングランド北部・中部の特徴である。イングランド西部やスコットランドでは母音のあとの r が発音される。またスコットランドでは why などの語頭の wh を [hw]

と発音し、ワイではなく、ホワイとなる。

文法

　イギリス標準英語の文法で、アメリカ英語と異なる点を記す。動詞の活用が異なるものがある。get の過去分詞は〈英〉got：〈米〉gotten である。アメリカ英語では規則動詞として過去形・過去分詞に -ed をつけるが、イギリス英語では不規則な活用をする動詞もある。例えば、dwell-dwelt、dream-dreamt など。

　「持っている」の意味で have を用いた疑問文や否定文に助動詞 do を用いないことがある。"I haven't time."（時間がない。）"Have you any money?"（お金を持っている？）などである。また会話では have got も多用され、"I've got a plenty of time."（時間がたっぷりある。）"I haven't got time."（時間がない。）"Have you got any money?"（お金を持っている？）となる。

　イギリス英語では 1 人称主語の意志未来に助動詞 shall を用いることがある。フォーマルな印象はあるが、使用頻度はアメリカ英語よりは高い。

語彙

　同じものを指すのに英米で異なる単語を用いることは多い。

	〈英〉	〈米〉
地下鉄	underground	subway
トラック	lorry	truck
アパート	flat	apartment
履歴書	CV	resume
セーター	jumper	sweater
揚げる	deep fry	fry

> **綴り**
>
> アメリカ英語と異なる綴りの代表的なものに以下のようなものがある。（　）のなかはイギリス綴りの例を挙げる。
>
> | 〈英〉-our | 〈米〉-or | (favour, colour, labour) |
> |---|---|---|
> | 〈英〉-ou- | 〈米〉-o- | (mould) |
> | 〈英〉-ae- | 〈米〉-e- | (encyclopaedia) |
> | 〈英〉en- | 〈米〉in- | (enquire) |
> | 〈英〉-dgement | 〈米〉-dgment | (judgement) |
> | 〈英〉-re | 〈米〉-er | (centre, theatre) |

1 映画『日の名残り』（*The Remains of the Day*）

【あらすじ】

　主人公スティーブンスは、イングランド中南部のオックスフォードシャーにある貴族の屋敷ダーリントン・ホールの執事です。映画の冒頭、年老いたスティーブンスが第2次世界大戦後、屋敷の新しい主となったアメリカ人ルイスに朝食の支度を整えている場面から始まります。戦前は大勢いた使用人は去りました。かつて共に屋敷を切り盛りし、お互い淡い恋心も抱いていた元女中頭のケントンから手紙が来て、昔を懐かしがるその文面に、スティーブンスは心動かされます。昔ケントンが示した愛情に応えなかったことを後悔しているスティーブンスは、夫とうまくいっていないらしい彼女を再び女中頭として迎え、できれば二人の関係をやり直す希望を抱いて、彼女の住むイングランド西部地方への旅に出ます。その旅の道すがら、彼はケントンと過ごした日々を思い出すのですが、それはヨーロッパにナチスの影が濃くなっていく時期でもありました。当時の主人であったダーリントン卿がイギリスにも勢力を伸ばしてきたナチスの操り人形へと堕していくのを目のあたりにしながらも、スティーブンスは何も疑問に思わずに主人を支えるのですが…。

【映画について】
　現代イギリスを代表する作家の一人であるカズオ・イシグロのブッカー賞受賞作『日の名残り』(1989) を原作とする 1993 年のジェイムズ・アイヴォリー監督作品です。同監督による E. M. フォースターの小説『ハワーズ・エンド』(1910) を映画化した作品 (1992) でも共演したアンソニー・ホプキンスとエマ・トンプソンがスティーブンスとケントンを演じています。彼らの抑制の効いた演技が光ります。アイヴォリー監督は『日の名残り』で全米監督協会賞、ゴールデン・グローブ賞を受賞しました。
　映画は 1930 年代後半と第 2 次世界大戦後の 1950 年代後半の場面が交互に切り替わりながら、スティーブンスが、屋敷が華やかだった 1930 年代後半と自分の人生を、1950 年代後半に振り返る回想の物語として進行します。
　ダーリントン・ホールの屋敷と庭園の撮影にはイギリスに実在するカントリー・ハウス (country house) が複数使われています。ちなみにカントリー・ハウスとは「田舎家」ではなく貴族や大地主が所有する田舎の屋敷のことです。
　豪華なダーリントン・ホールも映画の見どころですが、何といっても興味をそそるのは、カントリー・ハウスの贅沢な生活を支える使用人たちの描写です。主人や客人からは見えない裏階段や秘密のドア、大きな台所で作られる膨大な数の料理、いくつもの客室から鳴らされる呼び出しのベル、そして主人や客人たちの気まぐれに黙々と応じる使用人たち。これら全てがダーリントン卿とその客人たちのために日夜休みなく整然と機能しているのです。そしてそれを統括するのが執事 (butler) と女中頭 (housekeeper) の役目なのです。

【登場人物の英語の特徴】
● **スティーブンス**。ダーリントン卿に仕えてダーリントン・ホールを取り仕切る執事。自学自習で身に付けたイギリス標準英語 (RP) を話します。彼の話し方には彼の生き方がよく表れているので、次節で詳しく見ていき

ましょう。
- **ミス・ケントン。**スティーブンスによってダーリントン・ホールに採用される若く有能な女中頭。大きな屋敷で女性の使用人を管理するという責任ある職にふさわしいRPを話します。彼女が有能であることは、そのはきはきとした話し方にも表れています。スティーブンスの判断が間違っていると確信した時に、面と向かって抗議する場面が何度もあります。
- **ダーリントン卿。**ダーリントン・ホールの主でearl（伯爵）です。イギリスの貴族はLord（卿）を付けて呼ばれます。ダーリントン卿は戦前のイギリス貴族にふさわしく、保守的標準英語（Conservative RP）と分類されることもあるRPを話します。その特徴は「上唇をこわばらせた」（"stiff upper lip"）と言われる、口をあまり開けない話し方に表れています。この"stiff upper lip"という表現はまた「不屈の精神」というイギリス紳士の徳性を表す際にも用いられます。彼の屋敷に集うイギリス紳士たちも同様の話し方をします。
- **ルイス氏。**戦後ダーリントン・ホールの所有者となったアメリカ人の富豪。標準アメリカ英語を話します。1936年にはアメリカの下院議員として、ダーリントン卿が屋敷で開いた国際会議に参加します。席上でたった一人、ナチスの台頭するドイツへの宥和政策に懸念を表明する人物です。
- **スティーブンスの父。**他の屋敷で執事としての経験を積んできましたが、年老いてダーリントン・ホールの副執事（underbutler）として雇われます。息子と違って、労働者階級出身者であることを隠さない話し方をします。例えばお茶（tea）は[teɪ]と発音します。
- **チャーリー。**ダーリントン・ホールの筆頭従僕（head footman）。現代の河口域英語（EE）に通じる、若者らしい話し方をします。スティーブンスに文法を正される場面があります。
- **カーライル。**スティーブンスが旅先で出会うモスコム村の医師。RP話者です。
- **カーディナル。**ジャーナリスト。その話しぶりからも、またダーリントン

卿の名付け子で、亡くなった親友の息子であることからも、上流階級の出身者と推測されます。RP 話者です。

❷ 『日の名残り』で話されるいろいろな英語

　映画は RP の基本となったイングランド南部のエリート層が過ごす屋敷を舞台にしています。RP (Received Pronunciation) の received とは「社会に広く受け入れられた」「標準の」という意味ですが、実際には現代のイギリス社会で厳密に RP と分類される英語を話す人口は極めて少なく、社会の一握りにすぎません。つまり RP も、使用する社会階層が限定された一つの変種であり、社会方言にすぎないのです。この映画は労働者階級の英語や地域方言の多様性を伝えるものではなく、RP の社会的意味について考えさせる作品です。

　1930 年代のイギリスにおいて、RP を話すということは、世界の中心に触れるための必要条件でした。ダーリントン卿と、屋敷に集う彼の友人たちは RP 話者の代表です。模範的な言動で自分を律しているスティーブンスは、主人とその客人に対して恥ずかしくない英語を使おうと常々心がけています。彼は発音だけでなく、上流階級的表現を身に付けるために、ダーリントン卿の蔵書から本を借りて読んでいます。映画の後半で、ケントンに恋愛小説を読んでいることを知られて "I read these books, any books, to develop my command and knowledge of the English language. I read to further my education, Miss Kenton."（私はどんな本も、英語力を鍛えるために読んでいるのですよ。教養を広げるために読んでいるのです。）と答えますが、これは単なる照れ隠しではなく本気でしょう。戦前のスティーブンスには、国際政治に首を突っ込んだダーリントン卿を支えることによって、自分も世界を動かす偉大な仕事に力を貸しているのだという自負がありました。

　イギリスでは、屋敷の主人一家と彼らが暮らす空間を「階上の世界」(upstairs)、台所その他の設備がある地下室で働くことが多い使用人たちとその仕事空間を「階下の世界」(belowstairs または downstairs) と呼んで、

比較対照させることがあります。独身のダーリントン卿は、一人でダーリントン・ホールに住んでいますが、屋敷を切り盛りするために20名を下らぬ使用人が住み込みで働いています。階下の世界でのスティーブンスは、その世界の主人であり、使用人の人事権も握っています。彼は使用人の間でもRPで話します。それに対して、スティーブンスの父やスティーブンスが目をかけているチャーリーは、使用人の間では労働者階級の発音と表現で打ち解けて話します。

　今日のイギリスの若い世代は、RP話者の中心であった上流階級や知識人、メディア関係者でも、河口域英語（EE）と呼ばれる現代的発音や、出身地の方言を取り入れたりして、階級のマークとなるRP発音が目立たない話し方をする傾向にあります。この映画の時代設定は1930年代と50年代なので、RPの特徴を明確にした英語が話されていて、RPを通してイギリス社会を理解する格好の材料と言えるでしょう。

　ダーリントン卿は、たとえ戦争で敵味方に分かれても、ヨーロッパの貴族同士は気高い精神的絆で結ばれていると信じる、紳士的美徳の持ち主です。第1次世界大戦後の経済破綻に苦しむドイツ支援のために奔走し、自邸で国際会議を開きます。その晩餐会では、ドイツ人の男爵夫人、フランス人外交官のデュポン氏、アメリカ人のルイス下院議員が、それぞれ発音に特徴のある英語でスピーチをします。男爵夫人のスピーチは、音節の一つひとつをはっきりと発音しています。デュポン氏の英語はフランス語風に発音されるので、強勢が単語の後方に移動します。例えばconference（コンフェ<u>ラ</u>ンス）、colleague（コ<u>リー</u>グ）、English（イング<u>リー</u>シュ）、Italian（イタリ<u>ア</u>ン）、German（ジャー<u>マ</u>ン）の下線部に強勢が置かれています。ルイスの発音については3.1でRPと比較しましょう。

3 イギリスの英語

3.1 RPの英語

　まずRPを、読者の多くには聴き慣れたアメリカ英語と比較することに

よって、発音の特徴を明らかにしましょう。映画の冒頭、年老いたスティーブンスが新しい主人のルイスに朝食を給仕します。口をあまり開けないで話すスティーブンスの RP と、ルイスのアメリカ英語が対照的です。

(例1) 00:05:25
Lewis: [1]Burned again?
Stevens: Yes, I'm sorry, sir. The rule in the kitchen here has always been that Cook cooks the cooked [2]breakfast while her [3]assistant toasts the [4]toast.
Lewis: Why don't we just [5]get her a [6]pop-up toaster?
ルイス：またこげたのかい？
スティーブンス：申し訳ございません。このお屋敷ではずっと、料理人が温かい朝食を作っている間に助手がトーストを焼くというやり方だったのですが。
ルイス：じゃあ料理人に電気トースターを買ってやったらいいじゃないか。

[burned と burnt]
　二人の会話は、スティーブンスがこげたトーストをポケットに隠すのをルイスが見たところから始まります。[1] の burn の過去分詞形はイギリス英語では burnt です。ルイスは burned を [bɜːrnd] と r を舌を巻いて口の奥のほうで発音しますが、RP では r を発音しないので [bɜːnt] となります。

[pop の母音]
　昔ながらのやり方に固執するスティーブンスに対して、ルイスが電化製品で問題を解決しようとするところがアメリカ人らしく描いてあります。[6] pop の母音はイギリスではオに近い [ɒ] ですが、ルイスは [ɑː] と発音しています。

[t の発音]
　スティーブンスの台詞は早口言葉（tongue twister）のようですね。彼はtをはっきりと発音します。[2] [3] [4] の語尾のtも明瞭に発音しています。几帳面な物言いを心がけているのがわかります。イギリスでは [5] get her のtを [t] と発音するか、あるいはEEの傾向である声門化、つまりtを飲み込むように発音しますが、ルイスは [d] のように発音しherとつなげるので「ゲダー」のように聞こえます。

[r の発音]
　母音の後ろのr音は、スコットランドやアイルランドでは発音されますが、r音の消失が、イングランド南部の発音の特徴です。次に先にも触れた1936年の国際会議の最終日に催された晩餐会を取り上げて、この場面における二つのキーワードであるamateur（アマチュア）とhonour（名誉）に注目します。いずれもRPでは語尾のrを発音しませんが、標準アメリカ英語では、舌を巻いて口の奥で発音します。ルイスは晩餐会のスピーチで、その場に臨んだお歴々を"You are all amateurs."（みんな政治の素人だ。）と一蹴します。このamateurはイギリスでは [æmətə] と発音されることが多いのですが、ルイスはカタカナの「アマチュア」に近い [æmətʃʊr] と発音します。ルイスに素人呼ばわりされたダーリントン卿は、「アメリカ人がamateurismと呼ぶものを、我々はhonourと呼ぶ、そして欲得勘定抜きで理想を求めるのだ」と、イギリス紳士のプライドで切り返します。このhonourも「オナ」に近い発音です。また、honourはアメリカではhonorと綴られます。

[can't の母音が [ɑː]]
　1938年にドイツがチェコスロバキアのズデーテン地方を併合する、歴史的にはミュンヘン協定へと至る動きが、映画ではダーリントン・ホールでのイギリスの首相と外務大臣、そしてドイツ大使による秘密の会合で表されま

す。その夜、カーディナルが突然やって来ます。彼はジャーナリストらしく「今夜はどなたか来られるのですか？」と探りを入れるのですが、名親のダーリントン卿は "Can't tell you, my boy."（おまえには言えないよ。）と取り合いません。アメリカ英語では [æ] と発音される can't の母音を RP では [ɑː] と伸ばしで発音します。同様に castle も [kɑːsəl] です。

[figure の発音]

　その同じ夜にダーリントン卿の友人であるジェフリー卿に仕える執事のベンからプロポーズされたケントンは、スティーブンスに自分の気持ちを分かってもらいたくて、"Did you know you've been a very important figure... for Mr. Benn and me?"（あなたは…私たちにとってとても大事な人だったと知っていましたか？）と言います。一瞬言いよどんでいるのは、本心では "for me" と言いたかったからでしょう。ここでケントンは figure を [fɪɡə]「フィガ」のように発音していますが、アメリカ英語では「フィギュア」に近い [fɪɡjᵊr] となります。

3.2 RP はジェントルマンの英語

　ではスティーブンスの RP は、ダーリントン卿たちが用いる RP と同じものでしょうか。ここでイギリス社会と発音の関係を題材にしたミュージカル映画『マイ・フェア・レディ』（1964）を思い出してみましょう。オードリー・ヘプバーン演じる花売り娘イライザの、ロンドンの下町言葉コックニー丸出しだった発音を矯正したヒギンズ教授は、彼女を社交界の舞踏会に連れていって、みごと異国の王女として通させます。イライザがイギリス人ではないと信じられたのは、彼女の英語があまりにも完璧だったからという皮肉が利いています。スティーブンスの英語にもイライザと共通するところがあります。彼の英語も意識的に矯正した発音と言い回しの結果です。同じ RP であっても、巧まぬ自信に裏打ちされたダーリントン卿とその友人たちの気さくな物言いと比べると、きちんとしすぎる発音や紋切り型の表現が目立ちます。

そんなスティーブンスのRPは、屋敷の外の世界では彼をジェントルマンとして通用させるのか、それが試されるエピソードがあります。ケントンに会いに行く旅の途中、ガソリン切れで車が動かなくなった時、スティーブンスは田舎のパブに泊めてもらいます。パブでのにぎやかな会話からは労働者階級の発音が聞こえてきます。地元の人たちにとって、RPで話し、高級車に乗って、ジェントルマンの身なりをしたスティーブンスは、非の打ち所のないジェントルマンです。パブの経営者のテイラー夫妻が気を利かせて、村医者のカーライル先生を呼びにやります。おかみさんが "He'll be very pleased to meet you. He's a gentleman like yourself."（彼はきっとあなたに会ったら喜ぶでしょう。彼もあなたと同じジェントルマンですから。）と言うのを聞いて、スティーブンスはぎょっとします。村の人たちを騙すつもりはなかったとしても、ジェントルマンと思われていい気になっていたスティーブンスは、今さら職業を明かせません。

　自動車は主人のルイスが貸してくれたもので、話す言葉もジェントルマン階級の模倣という、いわばジェントルマンを示す記号となるものが借り物であることを村人たちは見抜けません。スティーブンスは村人たちから、いつもは自分が主人とその客人に対して使っているsir（旦那様）で呼びかけられます。その場の勢いでスティーブンスは、1930年代には外交畑で活躍したと受け取れる発言をしてしまいます。村人たちにはますます尊敬の目で見られますが、カーライルには、スティーブンスがどこかの屋敷の使用人であろうとすぐに察しがついたようです。

　翌日、カーライルがスティーブンスをガソリンが切れてしまった彼の車のところまで送る車中での会話です。

（例2）　01:19:55

Carlisle: And what did you make of the citizens of Moscombe? Not such a bad bunch, are they?

Stevens: Oh no, [1]sir. Mr. and Mrs. Taylor were extremely kind.

Carlisle: I say, I hope you don't think me very rude, but you aren't a manservant of some sort, are you?
Stevens: Um, yes, sir. I am, indeed.
カーライル：モスコム村の人たちはどうかね？悪い輩ではないだろう？
スティーブンス：はい、テイラー夫妻はとても親切にしてくださいました。
カーライル：どうか無礼な奴だと思わないでほしいんだが、君は使用人か何かじゃないかい？
スティーブンス：ああ、はい、そうです。

　カーライルが年上のスティーブンスに向かってくだけた調子で話しかけるので、スティーブンスは思わず [1] のように "sir" と答えています。相手がジェントルマンなので、いつも主人や客人に対するような反応をしたのでしょう。最初からスティーブンスの職業を見透かしていたカーライルに問いただされると、スティーブンスは執事であることを素直に認めます。スティーブンスの英語はRPでありながら、RP話者には同じ階級の人間でないことを見破られるのです。

　スティーブンスはこの旅路で、人々にナチスの協力者として記憶されているダーリントン卿との関係を二度否定します。いったんはカーライルに対してもダーリントン卿とは面識がないと嘘をついた後、しかし思い直して、ダーリントン卿は "a gentleman through and through, to whom I'm proud to have given my best years of service,"（徹頭徹尾ジェントルマンでした。あのお方に長くお仕えできたことを誇りに思います。）と告白します。このジェントルマンという語にスティーブンスは万感の想いを込めているのです。

3.3　ワーキングクラスの英語

　使用人たちの「階下の世界」にも階級があります。1936 年にスティーブンスは、ケントンを女中頭として迎えると同時に、自分の父親を副執事（underbutler）として屋敷に入れますが、ケントンには老スティーブンス

が副執事としての職務をこなせないのが見えています。スティーブンスはある時、ケントンが父のことを"William"とファーストネームで呼んでいるのを聞き咎めます。ケントンにしてみれば、女中頭のほうが副執事よりも上の立場なので、当然の呼び方をしたまでなのですが、スティーブンスにとって、年若い、しかも女性のケントンに自分の父を呼び捨てにされたことは許せません。以降は Mr. Stevens, Senior（父上のスティーブンス氏）と呼ぶように指示します。女中頭としての立場を軽んじられたケントンは、たいそう立腹して、しばらくは反抗的な態度を取っていましたが、共に全力を尽くして働くうち、徐々にスティーブンスに惹かれていくようになります。

次の例はスティーブンスが階下の使用人用食堂で主人役を務めている場面です。若い使用人チャーリーがメイドたちを笑わせた冗談を繕って、スティーブンスにこう言います。

（例 3）　00:17:08

I said the sprouts is done the way I like them. Crisp-like, not mushy.
芽キャベツのゆで方が僕好みの硬めで、柔らかすぎないって言ったんですよ。

スティーブンスはチャーリーに向かって、"Sprouts 'are' done, Charles, not sprouts 'is' done."（複数の芽キャベツを受けるのは、'are' で、'is' ではないよ、チャールズ。）と複数名詞 sprouts を is で受けた文法の間違いを正します。ただしチャーリーの表現は、複数形主語を単数形の述語動詞で受ける労働者階級の英語文法では許容されるものです。もう一つ指摘しておくと、crisp-like の -like は名詞に付けて形容詞を作ります（childlike、businesslike など）。チャーリーはこれを形容詞 crisp に付けています。これもコックニーをはじめとする労働者階級の英語によく見られます。

この会話に続くスティーブンスの台詞から、彼が RP を懸命に学習して身に付けたことを誇りに思っていることが分かります。

(例4) 00:17:19

Stevens: Forgive the correction, Charles, as I would have done at your age for the sake of my education. Because I'm sure even you have ambitions to rise in your profession.

Charles: Oh, yes, Mr. Stevens. I'd like to be a [1]butler, to be called Mister, [2]not Charlie, [3]sit in my own pantry, by my own fire, smoking my cigar.

スティーブンス：間違いを正して申し訳ないね、チャールズ、だが私も君の歳には自分を教育したものだからね。君だってこの職業で出世したいと思っているだろう？

チャーリー：もちろんですよ、スティーブンスさん。僕も執事になって、チャーリーではなく「さん」付けで呼ばれて、自分の執事室の暖炉のそばで葉巻をくゆらせたいですよ。

pantryは一般には食料品・食器室のことですが、ここではbutler's pantry（執事室）のことで、映画にはスティーブンスが執事室で自信に満ちた様子で葉巻をくゆらせる場面が出てきます。しかし第2次世界大戦は彼の自信も砕くことになります。チャーリーの発音は、労働者階級の発音にも現代のEEにも共通する特徴を表しています。特に [1] butler、[2] not、[3] sit のtを飲み込む、/t/の声門閉鎖音化が顕著です。

この場面で面白いのは、スティーブンスがチャーリーの主語と動詞の不一致を指摘した直後に、スティーブンスの父親が、立派な執事に必要なのは「威厳」（dignity）だと言って、ある逸話を披露するところです。父の発音はtakeやtableのtaが[teɪ]ではなく[taɪ]に近くなります。父の話しぶりは、いかにも労働者階級の人々が面白い話を披露する時の生き生きとしたもので、また"And then, there's three gunshots."（そこで三発銃声が聞こえたんだ。）というふうに、主語と述語動詞の数が一致しない労働者階級の英語文法に則っています。またこれはEEにも見られる特徴です。

ダーリントン・ホールに雇われてまもなく、スティーブンスの父親は老いのために失敗を重ねるようになります。もはや給仕の仕事を任せられなくなった父親に、スティーブンスが掃除用具を渡して使い方を説明する場面があります。父は"Are these me mops?"（これは私のモップかい？）、"And me brushes?"（これは私のブラシかい？）と一つひとつ確認します。所有格 my に me を用いるのも労働者階級の英語の特徴です。その後まもなく父は体調を崩すのですが、父は自分に対しても堅苦しい息子に、死の床で"Jim"と呼びかけ、親として充分なことをしてやれなかったことを悔いて、"I tried me best."（できるだけのことはやったんだが。）と言います。しかしその夜はちょうど国際会議の最終日で、晩餐会の成功に腐心しているスティーブンスは父に優しい言葉一つかけません。

3.4 語彙的特徴

gentleman:「紳士」。この映画のキーワードなので、ここで改めて取り上げます。「ジェントルマン」と言えば、日本では礼儀正しい男性のことですが、本場イギリスにおいてジェントルマンという語には長い歴史的背景があります。封建社会で貴族のすぐ下の身分を表した語が、19世紀には地主や聖職者、法律家・医師などの専門職、陸海軍の将校など、相当の収入と社会的地位がある男性を指すようになりました。ですからジェントルマンとは、その収入と社会的地位に見合った高貴さと礼儀、そして高い教養とリーダーシップを身に付けていることを期待されました。

　前出のダーリントン・ホールでの晩餐会で、ルイスは gentleman という語を用いてダーリントン卿を初めとする列席者を批判します。"Lord Darlington is a classic English gentleman of the old school. So are all of you. All decent, honorable, and well-meaning gentlemen."（ダーリントン卿は古いタイプの古典的なイギリス紳士です。そして皆さんも同様です。皆さん立派で名誉を重んじ、善かれと思って事を成す

紳士です。）アメリカ人ルイスから見れば「古典的なイギリス紳士」とは、逼迫する世界情勢についていけない化石的存在なのです。ルイスの発音は「ジェルメン」のように聴こえます。

　ジェントルマンの定義は戦後変わっていきました。旅先でのパブの場面で、戦後民主主義を信奉する地元の男ハリー・スミスは "I don't know what you call a gentleman. Seems to me it's a name that every man in this country has a right to." と定義します。「あんたにとってのジェントルマンは何を指すか知らないが、おれにとっては、この国の誰もが名乗る権利のある名前だと思うよ。」という、特権階級の男性のみを指していた言葉から、立派な人格の男性一般を指す言葉への変化が示唆されています。

sir:「ご主人様、旦那様」。スティーブンスや他の使用人たちは男性の主人や客人に向かって一言言う度に "sir" を付けます。皆、短く小声で「サ」とつぶやいています。ただしダーリントン卿は貴族なので、彼に向かっては "My lord" と呼びかけます。この発音はスティーブンスやミス・ケントンの場合は [maɪ lɔːd] ですが、スティーブンスの父の発音は [milɔːd] です。Milord は古風な呼び方ですが、スティーブンスの父の場合は前出したように、所有格 my が [mi] になる特徴もあります。

Darlington Hall:「ダーリントン屋敷」。hall は建物の色々な場所を指す語ですが、イギリスではカントリー・ハウスに Hall の名を冠したものもあります。イギリスの貴族や大地主の多くは、自分の領地に本宅としての country house を営み、ロンドンに town house（町屋敷）を保有して社交シーズンはロンドンで過ごすことが、18世紀以降一般的になりました。パリやウィーンのように貴族たちが宮廷の周りの狭い土地にすし詰めになって住み、郊外に別荘を構えるのではなく、田舎の広々とした領地が生活の基盤であったというところがイギリス貴族の特徴です。彼らの屋敷の多くには Hall の他に Palace、House、Court、Park、Manor、Castle などが付きます。

indeed:「まったく。確かに。」RP話者がよく用いる強調や相槌(あいづち)の言葉です。国際会議の晩餐会で、デュポン氏の演説に同席者は "Indeed." と賛意を表します。医師のカーライルはスティーブンスが外交関係に詳しいと聞くと、"Is that so, indeed?"（ほう、そうですか。）と受けて、探るような目でスティーブンスを見ます。またケントンもダーリントン卿に対して "Indeed, my lord." と返事します。スティーブンスの台詞にも "Indeed, sir." や、"Our new employer is indeed Congressman Lewis."（私たちの新しい主人は確かにあの下院議員ルイス氏です。）というふうに頻出します。

give you a lift:「車で送る」。アメリカでは give you a ride や drive you が一般的です。パブでカーライルがスティーブンスに声をかけるところに出てきます。"I've a visit to make to Stanbury the first thing in the morning. I'd be happy to give you a lift, save you the walk, and we could pick up a can of petrol on the way."（僕は明日の朝一番にスタンベリに行く用事があるから、あなたを送ってあげましょう。車まで歩かないで済むし、途中でガソリン缶も買えますからね。）ガソリンをイギリスでは petrol、アメリカでは gas と言うのも覚えておきましょう。

3.5 文法的特徴

　have got を「持っている」の意味で、口語で have と同じように使います。スティーブンスが父に給仕の仕事を外すと伝えるのを躊躇(ちゅうちょ)していると、父が "I haven't got all morning."（朝いっぱい時間があるわけじゃない。）とせき立てます。いつもスティーブンスに気さくに話しかけるカーディナルは、ダーリントン屋敷で秘密裏に行われる会合の様子を窺いに来た時に、知らぬふりをして "I'd keep my head down, then. I've got my column to write anyway."（邪魔はしないよ。書かなきゃならない記事があるからね。）と言います。

　shall（一人称主語の意志未来を表す助動詞）はイギリス英語でよく使わ

れます。アメリカ英語の話し言葉では will や縮約形 'll の方が一般的です。ダーリントン卿から、近々結婚するカーディナルに "facts of life" を教えてやってくれと頼まれたスティーブンスは戸惑いながらも、"I shall do my best, my lord."（最善を尽くします。）と引き受けます。重々しい雰囲気が支配する映画の中で、ここはユーモラスな場面です。"facts of life" とはセックスの婉曲表現です。

　また、スティーブンスがダーリントン卿から、屋敷で働くドイツから逃げてきたユダヤ人の少女たちを解雇するよう指示されたとき、ケントンが「黙って命令に従うのか」と憤る場面で、"If those girls go, I shall leave this house."（あの娘たちがやめるのなら私もやめます。）と告げます。後の場面でスティーブンスが機嫌の悪いケントンに対して、執事と女中頭として毎晩話し合いの時間を持つのはもうやめようと伝える時には、"In the future, we shall communicate only during the course of the day."（これからは昼間だけ話し合うことにしましょう。）と言います。ケントンはスティーブンスに好意を抱いていますが、彼が恋心を察せないため、ベンと付き合っています。デートのために、明日は仕事を休むと伝える時にも "I shall be taking my day off tomorrow." と shall を使います。「止めるなら今よ」という女心を秘めた台詞です。この会話で、何も愛情を示せなかったスティーブンスはケントンを失ったのでした。

❹ 映画のみどころ

　ダーリントン卿は、カーディナルの表現によればナチスの "the most valuable pawn"（もっとも都合の良い手先）へと堕していきます。pawn とはチェスの駒で将棋の歩に当たります。映画は、スティーブンスが何の意見も疑問も持たずに主人に仕え続けていた点を繰り返し強調します。スティーブンスにとって、自分の意見や感情は仕事の邪魔になるばかりであって、それゆえ彼はそばにいる人への愛情さえも押し殺して生きてきました。ケントンからは、"Why do you always have to hide what you feel?"（なぜあなた

はいつも自分の感情を隠すのですか？）と責められます。そんな彼が戦後、旅先でダーリントン卿など知らないと嘘をつく時、またケントンに会って過去が取り戻せないことを確認する時の姿は痛ましいものです。

　これは遠い国の物語でしょうか。上司に命ぜられるまま使命を全うすることが正しい行為とは限りません。スティーブンスの姿は、戦前・戦中の日本人にも現在の私たちにも遠いものではないでしょう。映画の最後でスティーブンスが、自分は人生を棒に振ったのではないかという疑念にさいなまれながらも、静かに明日に向かって励もうとする姿に救われます。

❺ 映画のなかの英語について考えてみよう

● Very fishy とは？

　「魚みたい」ではありません。

　映画の中盤、執事仲間のベンが、ナチズムに傾倒している彼の主人のジェフリー卿のお伴をしてダーリントン・ホールを訪れる場面で、スティーブンスに言う台詞です。"And in your opinion, what's going on up there has 'moral stature'? I wish I could be so sure. But I'm not." （あなたは上の階で話されていることが「道徳的に高邁だ」と言うんですね？私もそう確信できればいいんですがね。でもできないんですよ。）ベンは続けて "I've heard some very fishy things. Very fishy." と言います。ベンはどんなことを耳にしたのでしょうか？

● 映画の初めに、ケントンがスティーブンスに宛てた手紙がケントンの声で読み上げられます。そこではダーリントン・ホールで開かれた国際会議が1936年と言われていますが、映画の最後でルイスが、戦前に晩餐会の開かれた部屋に立って、あれは1935年だったとスティーブンスに言います。なぜでしょう？

● スティーブンスは西部地方（the west country）へと旅をします。イギリスでは昔から go west は死への旅路を連想させました。西部開拓時代のアメリカン・ドリームと随分違いますね。映画の終盤、年老いたスティー

ブンスとケントンが遊歩桟橋のベンチに座って話す場面で、ケントンが "They do say that for many people, the evening's the best part of the day. The part they most look forward to."（多くの人にとっては、黄昏が一日のうちで一番いい時間だと言いますよ。待ち望んでいる時間だと。）と言います。この台詞と西部地方への旅は、カズオ・イシグロの原作と本映画のタイトルである *The Remains of the Day* と関係があるでしょうか。考えてみましょう。

6 こんな映画も観てみよう

『エリックを探して』

イギリスのケン・ローチ監督による 2009 年制作のコメディ。イングランド北西部の労働者階級の英語が話されます。サッカー（イギリスでは football）は労働者階級の人々が熱くなるスポーツです。この映画の主人公は中年の郵便局員で、マンチェスター・ユナイテッドの大ファン。職場の仲間ともファン同士の固い絆で結ばれています。妻と別れ、養育している子供たちは言うことを聞かず、家の中は散らかり放題という生活に疲れ、生きる気力をなくした彼の前に、かつてマンチェスター・ユナイテッドの看板選手であったエリック・カントナ本人が現れるのも見ものです。問題を起こした我が子を主人公は救えるか…。現代イギリスの日常生活、世代間の溝、そして仲間たちの連帯の力が描かれた、サッカー好きもそうでない人も楽しめる作品です。

『ゴスフォード・パーク』

アメリカのロバート・アルトマン監督による 2001 年の作品で、第 2 次世界大戦前のイングランドのカントリー・ハウスを舞台にした殺人ミステリーです。限られた場所と時間の中で多くの登場人物を描く群像劇は、アルトマン監督が得意とする映画様式で、イギリスの名優がぞくぞく登場するのも見どころです。主人夫婦とその客人たちは使用人に頼りきりで、わがまま言い放題、使用人は表向きそれぞれの主人に忠実に仕えているように見えますが、

彼らの本音が徐々に明らかにされていきます。優雅な社交の裏ではアガサ・クリスティの小説世界のように欲望と愛憎が渦巻き、階上と階下の世界が皮肉たっぷりに描かれているので、『日の名残り』と比べると面白いですよ。

[読書案内]

カズオ・イシグロ『日の名残り』土屋政雄訳、早川書房、2001 年。(Kazuo Ishiguro, *The Remains of the Day*. London: Faber and Faber, 1989.)

菅山謙正編『変容する英語』世界思想社、2005 年。イギリス英語に起きている最近の変化については第 5 章、菅山謙正「新しい標準英語の出現──英国社会の変化と Estuary English」参照。

映画『マイ・フェア・レディ』ジョージ・キューカー監督、ワーナー・ブラザーズ、1964 年。

[参考文献]

Honey, John. *Does Accent Matter?: The Pygmalion Factor*. London: Faber and Faber, 1989.（ジョン・ハニー『言葉にこだわるイギリス社会』高橋作太郎、野村恵造訳、岩波書店、2003 年。）RP、地域方言、階級方言とイギリス社会の関係についてのわかりやすい解説がある。

Lerner, Alan Jay. *My Fair Lady*. 1956. London: Penguin Books, 1959.

Mason, Philip. *The English Gentleman: The Rise and Fall of An Ideal*. London: Andre Deutsch, 1982.（フィリップ・メイソン『英国の紳士』金谷展雄訳、晶文社、1991 年。）1950 年代以降の変化については第 19 章「エピローグ──今日の紳士」参照。

"Regional Voices: Received Pronunciation." British Library, 2012. <http://www.bl.uk/learning/langlit/sounds/find-out-more/received-pronunciation/>

Shaw, George Bernard. *Pygmalion*. 1916. London: Penguin Books, 2000.

●「東京」は「トウキョウ」? 「トーキョー」? ●

「東京」は英語でどのように発音するのでしょう?

私たち日本人であれば「トーキョー」[toːkjoː] と発音する人がいるかもしれませんが、ロングマン発音辞典には /ˈtəʊkiəʊ/ とあります。[oː] ではなく、二重母音の [əʊ] が英語の発音です。しかし、[əʊ] の代わりに [oː] を使う英語は間違っているのでしょうか。

/əʊ/ を使う単語に "go"、"so"、"know" などがあり、ロングマン発音辞典では /ɡəʊ/、/səʊ/、/nəʊ/ とあります。しかし、イングランド北部、北アイルランド、スコットランド、西アフリカ、シンガポール、フィリピンなどで使われる /əʊ/ は単母音化し、[ɡoː]、[soː]、[noː] となります。その一方で、音質は変わりますが、オーストラリアでは [ɡʌʊ]、[sʌʊ]、[nʌʊ]、河口域英語では [ɡæʊ]、[sæʊ]、[næʊ] と二重母音の形を残す英語もあります。

"no" /nəʊ/ のくだけた表現である "nah" には3種類の発音があり、[næː]、[nʌː]、[nɑː] と単母音化されています。また、近年のイングランド標準発音では "air" などで使われる /ɛə/ が単母音化して [ɛː] となりつつあります。二重母音は、ある音から別の音へと滑らかに移り、2つ目の母音を弱く読まなければなりません。単母音化することでこの過程を省略し、発音を楽にするという共通点があるようです。

[読書案内]

J. C. Wells. *Longman Pronouncing Dictionary* (3rd edition). Harlow: Pearson, 2008.

J. C. Wells. *Accents of English* (3 volumes). Cambridge: Cambridge University Press, 1982.

●ウェールズ英語が聴ける映画●

『ウェールズの山』(1995) は、第一次世界大戦直後のウェールズ南部の村が舞台です。イングランドの測量士がやってきて村人たちの自慢の山を計測しますが、測定してみると公的に「山」と呼ぶにはあと 20 フィート（約 6 メートル）足りないことがわかります。村人たちは測量士をあの手この手で引き止め、その間に山の上に土を運ぶのです。多くの隣人を戦地に送り出して失った悲しみの中で、残った村人たちが「山」を心のよりどころとして一致団結する様子が心温まるコメディとして描かれています。ナレーター役を初めとして、村人たちはウェールズの発音特徴のある英語を話しています。聴き取りやすいのは上昇のイントネーションや、上昇-下降イントネーションです。例えば、映画冒頭でナレーター役の老人がベンチに座って孫に話を始めるときの"You are not going to fidget, are you?"（おとなしく話を聞くな？）というところの付加疑問文の are you で使われる上昇-下降イントネーションなどがその一例です。

『ザ・エッジ・オブ・ウォー』(2008) は、第二次世界大戦期を舞台に、ウェールズ生まれの詩人ディラン・トマスと二人の女性たちとの関係を描いた映画です。ディラン自身は RP（→ p. 14 参照）を話していたので、ディラン役の俳優の英語にはウェールズ英語の特徴はありません。一方彼の幼馴染を演じるのはイングランド出身の女優ですが、彼女の話すウェールズ英語はウェールズ出身の共演者に完璧だと太鼓判を押されています。上昇-下降調のイントネーションや、radio などの語で母音エイをエーというようなところにその特徴を聴くことができます。

[読書案内]

P. トラッドギル、J. ハンナ「イングランド英語、オーストラリア、ニュージーランド、南アフリカ、ウェールズの英語」『国際英語──英語の社会言語学的諸相』寺澤芳雄、梅田巌訳、研究社、1986 年。

田中幸子「ケルト語地域の英語」田中春美、田中幸子編『世界の英語への招待』昭和堂、2012 年。

Chapter 3 アメリカの英語『クラッシュ』

アメリカ英語の概要

　アメリカ合衆国は 50 州他からなる連邦国家で、約 3 億人の人口を持つ。英語は連邦公用語ではないが国の主要言語であり、半数以上の州が英語を州公用語と規定している。この英語公用語化の動きは、1970 年代以降、英語以外の言語を母語とする住民、特にスペイン語を母語とするヒスパニック系住民が増えたことへの反動でもある。

　歴史的には、17 世紀初めにイギリス人がヴァージニアおよびプリマスに植民地を築いた。スペインやフランスを排して植民地支配を確立したイギリスからアメリカが独立したのは 1776 年である。アメリカにはイングランドからの入植者以外に、ヨーロッパ系移民（特に、アイルランド、ドイツ、イタリアからの移民、中欧のユダヤ人）、奴隷貿易の結果連れてこられたアフリカ系住民の他、アジアからの移民も多い。世界有数の多民族国家である。英語は多民族国家アメリカを束ねる一つの重要な手段だと考えられてきた。

　現在、アメリカ合衆国は政治・経済・科学・文化などの諸分野で世界的影響力が大きいので、アメリカ英語が学習者にとってのモデルとなることも多い。日本においても 20 世紀後半以降、英語教育で最もよく用いられるのはアメリカ英語である。

　地域方言の差はイギリスに比べると小さい。これは歴史が 400 年あまりと短く、また、人の移動が多いからである。アメリカに移住してきた人々は当初は自分の出身地の英語を話していたが、移動、交流の過程で個々の英語の特徴が薄れていった。アメリカの地域方言は、大きく分けると中西部、南部、北部の三つに分類される。標準英語とされるのは、中西部で話されている英語で、標準アメリカ英語 (General American、以下 GA と記す) と呼ばれる。

発音

多くの日本人学習者にとってアメリカ英語（特にGA）は、よく耳にしているためにかえってその特徴が意識されにくいかもしれない。他の変種（特にイギリス英語）と比べて目立つ特徴を見てみよう。

アメリカ英語のイントネーションは、イギリス英語に比べると急な高低差が少ない。またアメリカ英語では、各音節の音をはっきり発音する傾向がある。多音節語において第1アクセントだけでなく第2アクセントも用いられるので、library（ライブラリ）は <li> ライが強いだけでなく、<ra> ラの母音もはっきり発音される。

GAでは母音の後のr、例えばgirlやcarなどの語でrを発音する。なお、南部やニューイングランドなどではこのrは発音しない。waterの /t/ など母音の間の /t/ は、有声音化する。この音は歯茎を叩く音なので、ウォーダーともウォーラーとも聴こえる。母音ではnot, stopなどの母音が唇を丸めない [ɑ] と発音される。つまりオよりもアに近く、ノットではなくナットに聴こえる。

南部方言は、GAとの違いが日本人学習者にもわかりやすい。特徴的なのは、南部の引き伸ばし発音 (Southern drawl) と呼ばれる、母音を長く伸ばす発音である。また、母音が鼻音化する（鼻にかかった音になる）傾向もある。「のんびりした」というイメージを持たれることもある。

文法

文法におけるアメリカ英語とイギリス英語の違いは、発音の違いや綴りの違いに比べると小さい。不規則動詞の変化の違いや、shall の使用、have を使った疑問文・否定文については、イギリス英語の概要で前述した（→ p. 16 参照）。前置詞の使い方も英米で異なるものがある。また、集合名詞を単数扱いして、My family is close.（私の家族は仲が良い。）という用法が一般的であるが、イギリス英語では My family are close.

となる。

語彙

アメリカ英語には、歴史的にネイティブ・アメリカンの言語や、スペイン語から多くの語が入った。50 州のうち、マサチューセッツ、アラバマ、ユタなど 28 州の名前はネイティブ・アメリカンの言語（ハワイ語とイヌイット語を含む）の言語に由来している。イギリス英語との違いについては p. 16 参照。

綴り

アメリカ英語にはイギリス英語と綴りの異なる語がある。これは、18 世紀後半の建国期以来アメリカには、イギリスから言語的にも独立して独自の英語を打ち立てようという機運があったためである。より表音的な綴りが用いられ、それがノア・ウェブスターの『アメリカ英語辞典』（1828）によって定着した。例えば -re が -er に変えられた center、theater などや、-our が -or に変えられた color、labor などがある。こうした歴史もあり、アメリカでは綴りの習得を競う綴り字コンテスト（spelling bee）が今も盛んである。

アフリカ系アメリカ英語

アフリカ系アメリカ人が用いる英語で、特有の発音、文法規則を持ったものを「アフリカ系アメリカ英語」（African American English）と呼ぶ。「エボニクス」（Ebonics）、「黒人英語」（Black English）と呼ばれることもある。アフリカ系アメリカ人が常に黒人英語を話すというわけではなく、聞き手や状況に応じて使い分けられることも多い。

アフリカ系アメリカ英語は、非標準的な「間違った」英語ではなく、ピジン・クレオール（→ p. 129 コラム参照）の発展したもので、独自の規則を持った英語変種と考えるのが一般的である。

音声的な特徴として以下のようなものがある。子音結合の単純化。特に語末の連続した子音を一部省略して単純化する現象（lift up が lif up など）。/t/ が声門閉鎖音になることが多い。th の音が変化し、three が free や tree のように発音され、then が den、clothe が clove のように発音される。母音のあとの /r/ や /l/ が消滅し、Paris が pass、help が hep と同じように発音されることがある。

　文法では、be 動詞の用法が特徴的である。「〜である」を表す be 動詞が省略され、He very happy となる。習慣や繰り返して起こる出来事を be で表し、She be at school on weekdays. となる。遠い過去を表す been は、I been knowing that.（ずっと前から知っていた。）と用いられる。

　また、否定を意味するのに否定辞を複数回重ねる多重否定も多い。I ain't know nothing.（何も知らなかった。）ain't は isn't, am not, aren't, hasn't, haven't, didn't の代わりに用いられる。多重否定や ain't は、アフリカ系アメリカ英語以外にも、広くインフォーマル、非標準的な英語のなかで用いられる。

① 映画『クラッシュ』（*Crash*）
【あらすじ】

　クリスマス間近のロサンゼルス。ある交通事故が起こった当日とその前日の２日間を描いた作品。この映画には多民族国家であるアメリカに暮らすアジア系やアラブ系、アフリカン、ヒスパニックなどさまざまな人種が登場します。行方不明になった弟を探している黒人市警・グラハム。父親の介護をしながら職務にあたる白人巡査のライアン。ライアンの人種差別主義に反感を覚える職務上のパートナー・ハンセン。ライアンに不当な尋問を受け自尊心を傷つけられる黒人テレビディレクターのキャメロンと、妻・クリスティン。この映画は群像劇で他にも数組みの登場人物がいますが、主人公はいま

せん。絵に描いたような悪人も出てきません。描かれているのは、ただ少し人に触れたい（a sense of touch）と思いながらも、偏見や誤解にコミュニケーションを阻まれる人たちです。

【映画について】
● 『クラッシュ』は、2005年5月にアメリカで公開され、第78回アカデミー賞作品賞、脚本賞、編集賞の主要三部門を獲得した作品です。監督のポール・ハギスは他にも『ミリオンダラー・ベイビー』(2004) の製作・脚本や、『父親たちの星条旗』(2006) の脚本などを手掛けています。カージャックされた体験をもとに『クラッシュ』の脚本を書いたとハギス監督がDVDの「コメンタリー」で語っています。
● この映画には人種間の摩擦だけではなく、合衆国における人種をめぐる歴史が描きこまれています。ライアンが健康保険機構（HMO）の事務所で働くアフリカ系アメリカ人女性に向かって "I can't look at you without thinking of the five or six better qualified white men who didn't get your job." （あんたを見ると、あんたのせいで5，6人の有能な白人男性が職を奪われたってことを思い出すよ。）と言う場面があります。この台詞の背景にあるのは、1964年の公民権法の成立後にとられた「アファーマティブ・アクション（積極的差別是正措置）」です。「アファーマティブ・アクション」とは従来差別されてきたエスニック集団や女性に雇用、昇進、職業訓練、大学入試などの機会を積極的に与えるもので、この措置に対しては白人への逆差別であるという意見もあります。

また、白人のロサンゼルス地方検事であるリックは、黒人有権者を意識して肌の色を政治的に利用しようとします。2000年の大統領選に勝利した共和党ジョージ・W・ブッシュが国務長官に初めてアフリカ系アメリカ人であるコリン・パウエルを起用、エスニック的に多様な官僚を揃え、「米国の融和」を図ったことが思い出されます。

【登場人物の英語の特徴】

- **グラハム。** 年老いた母親がいるロサンゼルス市警察の刑事。実直そうな30代の黒人。標準アメリカ英語とアフリカ系アメリカ英語を話します。
- **リア。** グラハムの仕事上のパートナーであり、恋人。30代、ヒスパニック系アメリカ人。親子関係に傷つくグラハムを見守ります。
- **ライアン。** 白人巡査。人種差別主義者。事業を興した彼の父親は、積極的差別是正措置のあおりを受け、仕事や家庭を失います。標準アメリカ英語を話します。
- **ハンセン。** ライアンの職務上のパートナー。アイリッシュ系アメリカ人の若者。ライアンの差別的態度に反感を持ち配置換えを希望します。日頃は標準アメリカ英語を話しますが、後述するピーターとはくだけた調子で話しており、アフリカ系アメリカ英語の特徴も見られます。
- **リック。** ロサンゼルスの地方検事。白人。役職上有権者を常に意識しており、人種を政治的に利用しています。標準アメリカ英語を話します。
- **ジーン。** リックの妻。白人。標準アメリカ英語を話します。黒人によるカージャックに遭い、マイノリティに対する偏見を一層強く抱きます。
- **アンソニー。** 自動車強盗。黒人。アフリカ系アメリカ英語を話します。
- **ピーター。** アンソニーの友人であり、グラハムの弟。いつも穏やかな表情をしています。アフリカ系アメリカ英語を話します。
- **キャメロン。** 黒人のテレビディレクター。40歳くらい。仕事で成功しており、自分が黒人であることを意識していない素振りをしています。標準アメリカ英語とアフリカ系アメリカ英語を話します。
- **クリスティン。** キャメロンの妻。黒人。アフリカ系アメリカ英語の特徴が少し見られます。
- **ダニエル。** ヒスパニック系の錠前屋。スキンヘッドで腕には刺青、一見近寄りがたい雰囲気ですが、5歳の娘を愛する優しい父親です。年齢は20歳くらい。

2 『クラッシュ』で話されるいろいろな英語

　映画の最終場面で衝突事故にあったアフリカ系女性が、スペイン語で話すヒスパニック系の人物に、次のように言います。"Don't talk to me unless you can speak American."（アメリカ語が喋れないなら、話しかけないでよ。）「英語」（English）ではなく「アメリカ語」もしくは「アメリカ英語」（American）であるところが、この映画で話されている英語が、アメリカ独自の言語であることを言い表しています。【登場人物】の項目では紹介できませんでしたが、この映画には小売店を営むペルシャ系のファハドや韓国系のキム・リーといった人物が出てきて、音声面でも文法面でも特徴のある英語を話しています。

　ちなみにロサンゼルスの人口は映画公開当時の 2005 年では 384 万 4,829 人（2010 年では 379 万 2,621 人）で全米第 2 位の都市です。1848 年までメキシコ領だったためスペイン語の地名が多く、またヒスパニック系が人口の大半を占めています。アジア系、アフリカ系も多く、ダウンタウンにはコリアンタウン、チャイナタウン、フェアファックス地区にはユダヤ系、サウス・セントラルやワッツ地区にはアフリカ系の居住地などが形成されており、実際にさまざまな「アメリカ語」が話されています。

3 アメリカの英語

3.1 GA の音声的特徴

　アメリカ英語の方言は、中西部、南部、北部の 3 つの地域で話される英語に分けられます。このなかでも中西部はアメリカ合衆国の 3 分の 2 の地域をカバーしており、ここで話される英語が標準アメリカ英語（GA）と呼ばれています。中西部のなかでも発音に違いがあるため、さらに西部、中部、北部と細分化されることもあります。ラジオやテレビなどで使われるいわゆるネットワーク・イングリッシュは中西部のなかの北部方言です。

　映画のなかで GA が話されている場面を見てみましょう。地方検事リック

の妻ジーンのセリフです。彼女は女友達と電話で話しています。何か満たされない気持ちを抱えている様子です。

（例 1）　01:24:01

I'm [1]not snapping at you! I am angry. Yes! At them! Yes! At them, the police, at Rick, at Maria, at the dry cleaners who destroyed another blouse today, at the [2]gardener who keeps overwatering the lawn. I... I just thought that... Carol, I just thought that I would wake up today and I would feel [3]better, you know? But I [4]was still mad. And I realized... I realized that it had nothing to do with my [5]car being stolen.

グチを言ってるんじゃないの、怒ってるのよ。そう、あいつらにね、そうよ、警察やリックやマリアに、今日もまたブラウスをダメにしたクリーニング店にも、芝生に水をやりすぎる庭師にもよ。ああ私、思ってたのよ、キャロル、目が覚めたら気分が良くなってるんじゃないかって。でもまだ腹が立っていたの。それで気がついたのよ、イライラしているのは車を盗まれたせいじゃないって。

抱えこんだ虚しさをジーンが明かそうとしたとき、女友達は用事ができた様子で電話を切ってしまいます。きっと、このような小さな失望が心に蓄積してジーンを苛立たせているのでしょう。さらに悪いことにジーンはこの直後に階段から落ちて足を痛め、助けを求めた十年来の女友達には「マッサージに行くから」と断られてしまいます。

では、ジーンは具体的にどのような英語を話しているのでしょう。

【口を大きく開けるア /ɒ/ の音】

イギリス英語の not や stop の母音 [ɒ] はアメリカ英語では一般的に唇を丸めずに [ɑː] と発音します。（例 1）の [1] not は大きく口をあけて「ナット」

です。[4] was もイギリス英語なら「ウォズ」[wɒz] であるところ「ワズ」[wʌz] になっています。この他にも hot（熱い）は「ホット」ではなく、「ハット」。god（神）は「ガット」と聴こえます。また、GA では母音が長く発音されるため長母音の [ɑː] と区別がなくなっています。

【母音の後の /r/】

　母音の後の /r/ 音は、イギリス英語では発音されませんが、GA では発音されます。例文の [2] gardener や [5] car では、こもったような /r/ の音が聞こえます。この特徴はロウティック（rhotic）と呼ばれています。アメリカ英語の場合、/r/ 発音は社会的威信を示す威信標識（prestige symbol）と見なされ、/r/ を発音するかしないかは話し手の社会・経済的階層、もしくはその発話状況に関係し、階級が上がるほど、またフォーマルな場になるほど /r/ が発音される傾向にあります。ロウティックな発音は 17 世紀のイギリス英語でも聴かれるもので、アメリカへの入植の際に持ち込まれた発音です。そして、アメリカ西漸運動（入植者が西へと移動し、土地を所有していく動き）とともに発音も西へと伝わりました。アメリカ北東部では母音の後の /r/ は発音しませんが、これは入植後もイギリスとの交流が盛んであったため、イギリスの音声変化を取り入れていたからだと言われています。

【/t/ が有声音に】

　通常、/t/ は舌先を上の歯ぐきに軽くつけて、パッと離すときの「トゥ」という息の音です。声帯を使わないので無声音と呼ばれています。しかし、アメリカ英語では /t/ が母音にはさまれた場合には音が変化します。例えば water、city、writer は「ウォーター」、「シティー」「ライター」ではなく、「ワラー」「シリー」、「ライラー」と聴こえます。実際、イギリス英語では /t/ 音は無声のままですが、GA では有音化して [d] のような音になるのです。（例 1）の [3] better は、「ベラー」のように日本語のラ行に聴こえます。

【フラットなア /æ/】

（例1）でジーンが話題にしていましたが、映画冒頭でジーンはカージャックに遭います。その後、防犯のために家の鍵をすべて取り換える場面で、ジーンは夫のリックにこう言います。"You know, didn't I just ask you not treat me like a child?"（ねえ、子ども扱いしないでって言わなかった？）心の余裕がなく、ジーンはリックの気遣いも「子ども扱い」としか受け取れません。この台詞に見られる ask の発音もアメリカ英語の大きな特徴の一つです。同じような「ア」の音でも /ɑː/ は口を大きく開けて発音しますが、ask の /æ/ は口の形を比較的平らにして発音します。このアとエの中間のようなフラットな「ア」が表れるのは、主に、/f/、/θ/、/s/ の無声摩擦音の前、/m/、/m/ プラス子音の前です。イギリス英語では can't は「カーント」[ɑː] と発音されますが、アメリカ英語では「キャント」[æ] と発音されます。

3.2 文法的特徴

では次にアメリカ英語の文法的特徴をいくつか取り上げます。今や、アメリカ英語は映画や雑誌などメディアで使われ、世界中に普及しています。そのためアメリカ英語として特に意識されない文法や用法がありますので、ここでは特徴を分かりやすくするため、イギリス英語と比較してみましょう。

【所有の have】

イギリス英語では、例えば "Have you any idea?"（何かいい考えある？）というように所有の意味で have を用いる時、疑問文で助動詞 do を用いないことがあります。（→ p. 16 参照）しかし、アメリカ英語では do を使って疑問文や否定文を作ります。例えば白人巡査のライアンが職務質問をする場面で、"Do you have any guns or knives or anything?"（銃やナイフなど身に付けてないですね？）という台詞があります。

【過去形】

　アメリカ英語では完了形を表わす内容のときも、過去形が用いられる傾向があります。映画では黒人の若者であるアンソニーが次のように言っています。"Wait, wait, wait. See what that woman just did?"（おい、ちょっと、あの女が今何をしたか見たかよ。）「たった今」というニュアンスを持つセンテンスで、"that woman just has done" と表現することもできますが、ここでは過去形が使われています。映画のストーリーを補足すると、「あの女」とはジーンを指しており、この台詞の直後にアンソニーは彼女に銃を突きつけ車を奪います。

【運動の around】

　アメリカ英語の文法の特徴は前置詞にも表れます。イギリス英語では「位置」を表わすときには around を、「運動」を表わすときには round と前置詞を使い分けます。しかし、アメリカ英語では両者の区別がなく around が用いられます。錠前屋のダニエルが 5 歳の娘ローラに向かって妖精の話をする場面を見てみましょう。人々のすれ違いが続く『クラッシュ』のなかで、この父と娘の場面は心が温まります。"She's flying all around the room, knocking down all my posters and stuff."（彼女［妖精］が部屋をあちこち飛び回って、ポスターとかそこらの物とかメチャクチャにしてさ。）前置詞に関しては他にも、イギリス英語では at the weekend と言うところ、アメリカ英語では on the weekend と言うなどの違いがあります。

3.3 語彙的特徴

　国の発展と関係して、アメリカ英語には独自の語彙が多くあります。17世紀初めにイギリスから「新世界」へ入植した人々は、目の前に広がる世界を把握するために、rattlesnake（ガラガラヘビ）や backwoods（僻地）など、既存の語を組み合わせて言葉を作ったり、raccoon（アライグマ）や skunk（スカンク）などネイティブ・アメリカンが使う言葉を借用したりして、自分た

ちの生活を表現していきました。また、広大な国土面積を持つアメリカは移動や通信手段として自動車を発達させ、車に関する独自の表現を生み出しました。『クラッシュ』には車に関係する単語が頻出します。ここでは特に自動車や道路に関するアメリカ英語の語彙を取り上げます。

sidewalk:「歩道」。『クラッシュ』ではライアンの台詞、"Step onto the sidewalk, sir."（歩道へ上がってください。）など。イギリス英語で「歩道」は pavement と言います。ややこしいですが、pavement はアメリカでは「車道」を意味します。

block:「ブロック、区」。アメリカでは、四方を道路で囲まれた1区画のことを指しますが、イギリスでは事務所や店舗が入ったビルの一棟のことを言います。映画ではキャメロンの "We're a block from home."（家はすぐそこだ。）という台詞があります。

truck:「トラック」。語源はギリシャ語の「車輪」です。アメリカではもともと motor truck と呼ばれ、貨物自動車やトラックを意味しますが、イギリスでは lorry と呼ばれます。truck という語は映画に頻出します。

trunk:「自動車のトランク」。グラハムの台詞で、"We found $300,000 in the trunk of the car."（車のトランクに30万ドルがあった。）と使われています。イギリス英語では boot。もともと trunk は「木の幹」や「胴体」のという意味ですが、それが荷物を入れるスペースに見たてられるようになりました。

gasoline:「ガソリン」。ライアンがクリスティンを救出する場面で "that's gasoline there."（あそこにガソリンが。）と出てきます。単に gas と言うこともあります。イギリスでは petrol です。同様に「アクセルペダル」は〈米〉gas pedal、〈英〉accelerator、「ガソリンスタンド」は〈米〉gas station、〈英〉service / filling station という違いがあります。

映画のなかでは使われていませんが、他にも次ページのようなものがあります。

	〈米〉	〈英〉		〈米〉	〈英〉
横断歩道	crosswalk	pedestrian crossing	ボンネット	hood	bonnet
シフトレバー	gear shift	gear lever	一時駐車所	pulloff	lay-by
ヘッドライト	headlight	headlamp	渋滞	traffic jam	tailback

❹ アフリカ系アメリカ英語（AAE）

　アフリカ系アメリカ英語は African American Vernacular English (AAVE) とも、Black Vernacular English（黒人日常英語）とも呼ばれています。黒檀を意味する ebony と音声学 phonics を合わせた Ebonics という名称も使われます。Ebony には俗語でアフリカン・アメリカンという意味もあります。

　自動車強奪を繰り返すアンソニーとピーターの会話から、その特徴を見ていきましょう。先に取り上げたジーンといい、『クラッシュ』には苛立ちを抱えた人物が多く登場します。アンソニーもなにやら腹を立てています。ウェイトレスがコーヒーのお替りを勧めにこなかったことを人種差別だと思っているようです。それに対してピーターが "Did you notice that our waitress was black?"（ウェイトレスが黒人だって気づいたか？）とたしなめるのですが、アンソニーは次のようにやり返します。

（例 2）　00:08:10
Black women don't think in stereotypes? You tell me. When was the [1]last time you [2]met one who didn't think she knew everything about your lazy ass [3]before you even opened your [4]mouth, huh? That waitress sized us up in two seconds. We're black, and black people don't tip. She wasn't gonna waste her time. Somebody like [5]that? Nothing you can do to change their mind.
黒人の女はステレオタイプ的に考えないってか。なら教えてくれよ。こっちが何も言ってないのに、見た目で俺らをわかった気になる女、そんな女ばか

りじゃないか。そうでない女にいつ会ったよ。あのウェイトレスは2秒で決めたぜ、俺らが黒人で黒人はチップを払わねえって。時間をムダにしたくなかったのさ。あんなやつらだぞ？やつらの考えなんて変わらないぜ。

　イントネーションの特徴として、GAと比べて、ピッチの高さが高くリズミカルです。また全体的に少し上がり気味に聴こえます。その他の音声面での特徴はどのようなものでしょう。

4.1　音声的特徴

【語尾の /t/ が発音されない】
　（例2）の [1] last の語尾の音が発音されずに「ラス」に聴こえます。[2] met でも「メット」ではなく「メッ」になっています。例文にはありませんが、ほかにも kept が「ケプ」と、just が「ジャス」と発音されます。この特徴は南部方言にも見られます。

【語末の th が [f] に】
　無声音の [θ] は舌先を歯と歯の間に軽く挟んで、息を吐きます。アフリカ系アメリカ英語の場合、同じ摩擦音の [f] が代用されることが多く、[4] では「マウス」ではなく「マウフ」と発音されています。

【語尾以外の th が [d] に】
　続けて、同じ th についての特徴を挙げましょう。歯摩擦音（dental fricative）の発音方法は先に述べたとおりですが、声帯を使った有声音の場合は [ð] と発音されます。アフリカ系アメリカ英語では [5] that のように、[ð] のかわりに [d] が用いられ「ダ」と聞こえることがあります。「ザット」ではなくて、「ダッ」です。

【母音の後の r は発音されない】

　GA の音声的特徴でも取り上げた母音の後の r ですが、アフリカ系アメリカ英語では発音されません。この特徴は南部方言にも共通してみられます。黒人同士の間で使われる nigger は語末の r は発音されず、nigga [nɪɡə]「ニガ」に。ちなみに nigger はアフリカ系アメリカ人に対する蔑称でしたが、1990 年頃から仲間同士で使われるようになりました。ただし、あくまでも気心の知れた間柄で使われることを覚えておいてください。ほかにも sister が「シスタ」に、your が「ヨ」になります。呼びかけ語について補足すると、同じく「仲間」や「相棒」を意味する buddy という言葉は brother が簡略化されたものです。これも親しい間柄で使われる言葉で、言い方によっては脅しになることもあるので注意が必要です。

【ain't の使用】

　さらにアフリカ系アメリカ英語の特徴として、am not、are not、have not の代わりに使われる ain't [eɪnt] が挙げられます。アフリカ系アメリカ英語では、don't や doesn't の意味で用いられることもあります。また南部方言では there is / are で始まる構文の there が省略され ain't で始まることがあります。映画では先に見たダニエルと娘との場面で ain't が使われています。

　（例 3）　00:27:02
　Nah. Forget it. You ain't gonna believe me.
　いいや、忘れて。だって信じやしないだろうし。

　ダニエルは 5 歳のときに妖精が自分の部屋にやってきて、不思議なマントをくれた話をします。銃弾も防ぐ「見えないマント」です。（例 3）に見られる他の特徴として gonna が挙げられます。この gonna は未来形の (be) going to のくだけた表現で、アフリカ系アメリカ英語に限らず、GA の口語

表現の一つです。例えば I'm gonna はさらに短縮され I'ma となることもあります。

　黒人のテレビディレクターであるキャメロンと妻クリスティンのやり取りでも、ain't が使われています。クリスティンは白人警官のライアンから尋問の時、セクシャルハラスメントを受けます。後にそのときの夫の振る舞いについて夫婦の間で口論になります。2度目の口論の際、なじる妻に向ってキャメロンは "I ain't doin' it."（もういい。）と言い放ちます。キャメロンの苛立ちは、肌の色によってカテゴライズされること、そのカテゴライズに伴う不当な扱いや理不尽さを自分が諦めとともに受け入れていることに向けられています。妻の言葉は核心をついているので、キャメロンは話したくないのです。1984年から92年にかけて黒人家庭を描いたホームドラマ「コズビー・ショウ」が流行りました。馬術部の仲間とは「コズビー・ショウ」を観なかったというキャメロンは、白人社会のなかで黒人であることがどういうことかを経験的に知っています。日頃は自分が黒人であることを周りに意識させないように振る舞うキャメロンですが、感情の起伏とともに話す英語が変化する点を聴き逃さないようにしましょう。

　映画ではアフリカ系アメリカ英語が意図的に話される場面があります。ドラマのテイクが終わった後、キャメロンの同僚のフレッドはキャメロンに、黒人俳優のジャマールについて、"Have you noticed that he's talking a lot less black lately."（最近、黒人っぽい喋り方じゃないね。）と言った後、次のように続けます。

（例4）　00:45:27
In this last scene, he was supposed to say, "Don't be [1]talkin' bout dat." And he changed it to, "Don't talk to me about that."
最後の場面なんだけど、「んなこと言うんじゃねぇ。」と言うところ、「そんな話はするな。」に変えたんだよ。

【-ing 型の語尾の /ŋ/ の脱落】

　（例 4）でフレッドが強調している [1] の /ŋ/ の脱落は庶民英語や無教養英語の特徴とも呼ばれますが、カジュアルな場面においては教養のある人の会話にも見られます。現在分詞や名詞などの形で文中でも、同じような脱落が起こることがあります。（例 4）では、/ŋ/ が脱落して ing が [ɪŋ] ではなくて [ɪn] と発音されたり、先に見たような th の /ð/ が [d] と発音されるなどのアフリカ系アメリカ英語の特徴が白人話者によってわざとらしく発音されています。フレッドはジャマールの話し方に「黒人っぽさ」がないことが不満で、撮り直しをリクエストします。キャメロン曰く、「最高の出来」なのにです。最初、キャメロンはリテイクを冗談と受け取って"You think because of that, the audience won't recognize him as being a black man?"（そのせいで黒人に見えないとでもいうのかい？）と笑いますが、フレッドは表情を変えません。その後、リテイクを了解するキャメロンの表情は、彼が何度も同様の場面に出会ってきたことを物語っています。（例 2）でアンソニーが語るような、「ステレオタイプ的」な見方をメディアが再生産していることを示しているシーンと言えます。

4.2 文法的特徴

　では最後にアフリカ系アメリカ英語の文法的特徴を確認しましょう。白人居住区でヒッチハイクをするピーターをハンセンが車に乗せる場面です。ハンセンは同僚の人種差別主義に反感を覚え、自分は「善良」であろうと努めています。

（例 5）　01:27:00

Hansen: [1]So how long you been out there tonight?

Peter: Hour maybe.

Hansen: Big surprise, huh?

Peter: Yeah, [2]this ain't exactly "pick up a brother" territory.

Hansen: True. So [3]where you headed?
ハンセン：どれくらい立ってたんだ？
ピーター：一時間くらい。
ハンセン：ホントか、すごいな。
ピーター：ここら辺は黒人を乗せてくれるようなとこじゃないからな。
ハンセン：確かに。で、どこまで？

【アクセントのある been で完了の意味を表す】
　ハンセンは職場では GA を話しますが、ここでは相手に合わせてくだけた英語を話しています。[1] では have が省略されて、been が強調されることで「完了」を表しています。相手に合わせてアフリカ系アメリカ英語を使っているように、また、ピーターを同乗させているように、ハンセンは自分は偏見を持っていない人間だと思っています。しかし、解釈の違いと根底にある不信感から、この後取り返しのつかない行動を取ります。この映画で描かれる悲劇の一つです。

【have の脱落】
　GA では「have ＋過去分詞」で完了を表しますが、アフリカ系アメリカ英語では、have（has、had）がたびたび欠落します。（例5）の [1] は、GA では、"So how long have you been out there tonight?" となります。

【be 動詞の脱落】
　be 動詞が落ちることもアフリカ系アメリカ英語の特徴の一つです。具体例として、映画の中からアンソニーがキャメロンに向かって言う "You so brave."（あんた、勇気あるね。）や、ダニエルが娘に向ける台詞 "You thinking about that one [bullet] that came through your window?"（弾が窓を通り抜けてここまで飛んでくるって考えてんの？）などが挙げられます。また、be 動詞に関して言えば、is や are など主語によって変えるべきとこ

ろを、原形 be で代用することもあります。欠落することで時制が分かりにくい場合がありますが、上記での例のように文脈で判断することもできます。

⑤ 映画のみどころ

『クラッシュ』では場面の転換点で「ドア」が効果的に使われます。ファハドの営む雑貨店の扉が開けられると、ジーンの邸宅へと物語が移ったり、ライアンが怒りに任せてドアを開けると、鍵前屋の事務所の話に展開したり。建物のドアだけではなく、車のドアもこの仕掛けに使われています。『クラッシュ』で描かれる車は実際の交通手段だけではなく、他人に対する頑な心の状態を暗示しており、他者との触れ合いは自動車の接触事故のようであることが示されています。そして時に、人々は、車内というプライベートな空間から、半ば強引に引きずり降ろされたり、カージャック犯にずかずかと入ってこられたり。ドアは他者との境界を示すようです。ハギス監督は DVD の「コメンタリー」で、ドアを介して場面を繋ぐことで、人と人との繋がりを暗示させたかったと言っています。ドアを開けること。その先に必ずしもハッピーエンドが待っていると限らないことも、映画では描かれています。しかし、少なくとも自分が囚われている考えの枠組みに気が付くことはできます。『クラッシュ』が描くのは、人種や異文化間の「衝突」だけではありません。夫婦や親子、友人などの身近な人々、街ですれ違う見知らぬ人々と、言葉を交わしたり、感情をぶつけあったりすることで、登場人物たちは自問自答を繰り返しています。映画後半に、建物や車の窓から外を眺めるという構図が集中しているのは、彼らが今までとは違う風景を見ようとしているからではないでしょうか。

⑥ 映画のなかの英語について考えてみよう

● 冒頭の車の衝突のシーンで、当事者の一人である韓国系女性キム・リーが「ブレーキ」という単語を使っていますが、どのように発音されているでしょう。また、その発音を受けてどのようなやりとりが行われているで

しょう。
- 前置詞を間違えたペルシャ系のファハドは、"Is that the closest you can come to English?"（「精いっぱいの英語がそれかい？」）と店主にバカにされますが、"Yes, I speak English! I am American citizen."（「私は英語を話すし、アメリカ市民だ。」）と言い返します。キムは病院で夫の名前を叫び、看護士に「英語で（話して）。」と言われますが、それに対して"I am speak English, you stupid cow!"（英語喋ってるわよ、何よアンタ！）と答えます。それぞれのエスニック・グループの人々は映画のなかで、また実社会でどのような英語を話しているかを調べてみましょう。
- 本章の【映画について】で紹介した以外にも、『クラッシュ』には人種をめぐるアメリカの歴史が描きこまれています。その場面はどこなのか、また史実を重ね合わせることで、その場面にどのような意味合いが与えられているのか考えてみましょう。

❼ こんな映画も観てみよう

『ヘアスプレー』（1988）は、ジョン・ウォーターズ監督による作品です。2002年にはブロードウェイでミュージカル化され、第57回トニー賞を8部門獲得しました。2007年にはアダム・シャンクマン監督によって再び映画化されています。シャンクマン版の方がDVDも手に入りやすいこともあり、ここではシャンクマン版を紹介したいと思います。『ヘアスプレー』は、天真爛漫な女子高生のトレーシーがテレビのダンス番組に出演し、人気を博すというお話です。舞台は1962年のボルティモア。アメリカの60年代はケネディ大統領の就任に始まり、公民権運動やヴェトナム戦争など激変の時代です。特に60年代前半は「若く強いアメリカ」という風潮に包まれており、劇中歌われる"Welcome to the 60's"など、映画はこの雰囲気を共有しています。また、アメリカの社会問題も描きこまれており、例えば映画冒頭に映し出される朝刊には、「ボルティモア　1962年5月3日　大学　黒人学生を拒否」という見出しが見られます。出演者が黒人のみの「ブラック・デー」

や「ニグロ・デー」というテレビの時間帯が設定されているなど、人種隔離差別が根強く残ることも示しています。最後に、トレーシーの母親であるエドナ・ターンブラッド役は、ウォーターズ版とシャンクマン版と共に男性俳優によって演じられます。彼らの「佇まい」も見どころです。

[読書案内]
岩本裕子『スクリーンに投影されるアメリカ——「九月十一日」以降のアメリカを考える』メタ・ブレーン、2003 年。
泉山真奈美編著『アフリカン・アメリカンスラング辞典』研究社、2005 年。
泉山真奈美『エボニクスの英語——アフリカン・アメリカンのスラング表現』研究社、2005 年。

[参考文献]
Dillard, J. L. *Black English: Its History and Usage in the United States.* New York: Random House, 1972.
Quirk, R., S. Greenbaum, G. Leech, and N. W. Schur. *British English, A to Z.* New York: Facts and File Publications, 1987.（『イギリス／アメリカ英語対照辞典』豊田昌倫他訳、研究社、1996 年。）
Wolfram, W. and N. Schilling-Estes. *American English: Dialects and Variation.* Oxford: Blackwell Publishers, 1998.
竹林滋他『アメリカ英語概説』大修館書店、1988 年。

●カナダ英語が聴ける映画●

　カナダは、英語とフランス語を公用語とする英連邦の国です。
　『ブレイキング・コップ』(2006)はカナダの言語事情をうまく用いた、コメディタッチのポリスアクション映画です。ケベック州警察のフランス語話者とオンタリオ州警察の英語話者がペアを組んで、捜査にあたります。二人共、もう一つの言語も話せるのですが、わからないふりをしたり、相手の話し方をからかったりと、映画のなかには言葉に関する笑いが絶えません。
　『死ぬまでにしたい10のこと』(2003)は、ブリティッシュコロンビア州のバンクーバーを舞台にした映画。余命2カ月を突然知らされた23歳の女性が主人公です。西海岸にあるバンクーバーには香港からの移民が多く、ホンクーバーとも呼ばれることもあります。映画のなかでは、主人公が車のなかで中国語会話教材を聴いている場面が出てきます。
　『リトル・ランナー』(2004)は、1953年のオンタリオ州のハミルトンが舞台です。14歳の少年が、病気の母親の意識が戻るようにとの願いをこめて、ボストンマラソンに挑戦します。カナダのオンタリオ州は南側でアメリカと国境を接しており、ボストンのあるニューイングランドとは近いのです。
　ここで紹介したいずれの映画も、カナダの俳優が出演して、カナダ英語やフランス語を話しています。カナダ英語はアメリカ英語と発音が似ていて、これら3本の映画でも、話されている英語の特徴は、北米の英語としてアメリカ英語と同じように聴こえます。例えば『リトル・ランナー』の主人公の名前 Ralph はカナダやアメリカではラルフ、イギリスではレイフと発音されます。

［読書案内］
本名信行「カナダと英語」竹下裕子、石川卓編著『世界は英語をどう使っているか──〈日本人の英語〉を考えるために』新曜社、2004年。
伊東治己『カナダのバイリンガル教育──イマーション・プログラムと日本の英語教育の接点を求めて』渓水社、2002年。

●ジャマイカ英語が聴ける映画●

　ジャマイカは英語を公用語とする英連邦の国です。公的な場、教育の場で用いられるのはジャマイカ標準英語で、このほかに、アフリカ系の言語と英語の混淆言語であるジャマイカ・クレオール語（パトワ語）も広く使われています。

　『ジャマイカ　楽園の真実』(2001) は、北米を中心に多くの観光客が訪れるジャマイカが、経済的に苦しい状況にあることを描いたドキュメンタリー映画です。バナナ農場の労働者たちのことを歌った『バナナボートの歌』が、映画のなかでも使われています。Day o, day o で始まるこの歌は野茂英雄投手の応援歌としてもアレンジされていたので、耳にした方も多いでしょう。ジャマイカ民謡ですが、1950年代にジャマイカ系のアメリカ人歌手ハリー・ベラフォンテが歌い、世界的ヒット曲となりました。歌詞には"Daylight come and me wan' go home."のような英語が使われています。「日が昇った、私は家に帰りたい」の意味ですが、動詞が come という形が用いられていますし、また、一人称代名詞に me が使われています。want の語末の t も落ちているのです。

　『ボルトはなぜ速いのか』(2009) は2008年の北京オリンピックで、男子100m走ほかで計6個の金メダルを獲得したジャマイカのアスリート、ウサイン・ボルトについてのドキュメンタリー映画です。ジャマイカ人へのインタビューで構成されていて、パトワ語話者が話す場面では、とぎれとぎれに英語の単語が聴き取れるものの、他の話者の話す英語とは大きく異なることがはっきりとわかります。

［読書案内］
P. トラッドギル、J. ハンナ「西インド諸島の英語」『国際英語――英語の社会言語学的諸相』
　　寺澤芳雄、梅田巌訳、研究社、1986年。
田中春美「カリブ海域の英語」田中春美、田中幸子編『世界の英語への招待』昭和堂、2012年。
川島浩平『人種とスポーツ――黒人は本当に「速く」「強い」のか』中公新書、2012年。

チャットでのスピーキング能力の育成

　インターネットの発達により世界諸英語に触れる機会が増えた（→ p. 149 コラム参照）だけではありません。インターネット・チャットを活用することでスピーキング能力も育成できるようになったのです。
　チャットは文字によるコミュニケーションですが、使用される言葉は非常に口語的です。また、e-mail などの他の文字によるコミュニケーションとは違い、リアルタイムで行われるチャットは、実際の会話にとてもよく似ています。相違点としては、文字をタイピングして行うために、実際の会話に比べて速度が遅いことが挙げられます。この会話速度の遅さはスピーキングに自信が持てない英語学習者には、相手や自分がタイピングをしている間に次にタイプする英語を考える時間の余裕が持てるため、利点となります。さらに、チャットでは、対面での実際の会話よりも、英語を使うことへの気後れや不安が軽減されると言われています。実際に、これまでの研究では、インターネット・チャットで学習者が使う英語は、実際に対面して行う会話の場合よりも、質と量の両面で勝っていると指摘されています。ならば、スピーキングに苦手意識があり、英会話で消極的になってしまう日本人英語学習者には、インターネット・チャットは有効なスピーキングの学習方法の一つだと言えるのではないでしょうか。世界各地の英語話者とぜひ「話して」みてください。

［読書案内］
杉本卓、朝尾幸次郎『インターネットを活かした英語教育』大修館書店、2002 年。
松本青也『英語は楽しく使うもの――インターネットが可能にした最新英語習得法』朝日出版社、2006 年。
白井恭弘『外国語学習に成功する人、しない人――第二言語習得論への招待』岩波書店、2004 年。

Chapter 4 アイルランドの英語 『ザ・コミットメンツ』

アイルランド英語の概要

　アイルランド島で話されている英語をアイルランド英語と呼び、島の大半を占めるアイルランド共和国で話されている英語と、ベルファストを首都とする北アイルランドの英語の両方を指す。アイルランド共和国は、ダブリンを首都とする人口約460万人の国で、アイルランド語と英語を公用語とし、英語は日常的に用いられている。北アイルランドは連合王国（イギリス）に属し、約180万人の人口を擁する。

　アイルランドは12世紀以来イギリスの侵略を受けた。16世紀以降イギリスからの入植者が増え、1801年にイギリスに併合された。1922年にアイルランド自由国が成立し、のちにアイルランド共和国となる。北アイルランドはイギリスに残った。

　アイルランド語はゲール語とも呼ばれるケルト語派の言語で、17世紀にいたるまではアイルランド島のほぼ全域で話されていた。その後、イギリス人の侵略、入植により話者が減少した。20世紀以降は民族意識の高まりとともに、話者も増加傾向にある。現在はアイルランド西部に母語話者が多い。また、全国的に学校で学ばれ、公式文書や道路標識などで用いられている。

　アイルランド英語は、イングランド英語の影響を大きく受けた南部アイルランド英語と、スコットランド英語の影響を大きく受けた北部アイルランド英語に大別できる。これはアイルランド共和国と北アイルランドの境目とは一致しない、言語上の区分である。

　南部アイルランド英語は、ダブリンやその周辺で話されていた英語がアイルランド共和国の大半に広がったもので、イングランド西部、中西部地方からの入植者の英語の影響が強い。（本章でアイルランド映画を使って解説するのはこの英語である。）

北アイルランドのなかでも北東部の英語は、スコットランド南西部からの移民（新教徒）の英語の影響を強く残している。一方、北アイルランドのなかでも南部は、アイルランド語を話すカトリック教徒が住んでいたので、その英語はスコットランド英語の影響をあまり受けていない。

　なお、18、19世紀を中心にアイルランドから海外へ移住した人が多いため、アメリカ、オーストラリア、ニュージーランド、イギリスの英語など、世界各地の英語のなかにアイルランド英語の影響が見られる。例えばアイルランドで二人称複数代名詞として用いられるyouse（ユーズ）が、イギリスのリヴァプール、グラスゴー他、オーストラリア、北米の多くの地域でも聞かれる。

　それでは、次に、アイルランド共和国で広く用いられる英語（南部アイルランド英語）の特徴を見ていこう。

発音

　日本人学習者にわかりやすい特徴的な母音を見てみよう。motherなどの母音 /ʌ/ アは唇を丸める母音 [ɔ] オに近くなる。bookなどの母音 /ʊ/ ウのかわりに [uː] ウーが用いられることがある。manyやanyの語では [e] エに変わって [æ]（エに近いア）が用いられることがある。

　次に特徴的な子音を見てみよう。聴き取りやすいのがthの音である。thの /θ/ が /t/ との区別がなくなり、/ð/ が /d/ との区別がなくなることが多い。つまり、thinとtinの子音が区別されずに同じように発音される。

　また、アイルランド語の子音連続の影響から、/s/ が [ʃ] シュとなることがある。母音のあとのrは発音される。また、/l/ はいつもはっきりと発音され、母音化されることはない。（つまりmilkの /l/ が母音化してミウクのようになることはない。）

文法

　口語英語において、特徴的な文法形式が見られることがある。習慣的な行為・状態を表すのに do を用いて、"The pancakes do be gorgeous."（そのパンケーキはいつもすばらしい。）などと表現する。完了を表すのに be after 〜 ing が用いられる。"I am after writing a letter." が "I have written a letter."（ちょうど書いたところです。）の意味で用いられる。Yes-No 疑問文への答えは、Yes または No を使わないかたちで、動詞の省略形を使ってなされることが多い。例えば、"Are you coming?" に対して、Yes という代わりに単に "I am." と言い、No の代わりに "I am not." とだけ言うような用法である。

語彙

　アイルランド英語の語彙には、アイルランド語から入ったものが多い。これらは、アイルランド語の綴りで用いられることも、英語的に綴りなおされるものもある。

　アイルランド語で小ささや親しみを表す接尾辞 -in を英語で -een として用いることがある。例えば houseen、girleen などがある。

① 映画『ザ・コミットメンツ』（*The Commitments*）
【あらすじ】
　映画の舞台は、アイルランドの首都ダブリン。労働者階級で音楽通の若者ジミー・ラビットは、バンド活動をしている知人のアウトスパンとデレクから彼らのバンドのマネージャーになって欲しいと頼まれます。ジミーは、かのローリング・ストーンズにも負けないビッグバンドのマネージャーになることを夢見て、新バンドのメンバーを集め始めます。バンドが目指す音楽はソウルミュージック。ダブリンの労働者の魂を歌いあげるダブリンのソウルミュージックです。やがてメンバーが集まり、バンド名を「ザ・コミットメ

ンツ」と決定します。

　練習を積んで臨んだ最初のコンサート。初めは緊張から皆表情も硬くぎこちないパフォーマンスでしたが、最後には会場を熱狂の渦に巻き込みます。大成功のうちに終演かと思いきや、ボーカルのデコが振り回したマイクスタンドが、後ろにいたデレクのベースギターを直撃し、デレクは感電して気絶してしまいます。デレクは病院に運ばれるも命に別状はなく、付添(つきそい)でやってきたメンバーたちも一安心。その後もコンサートを重ね、バンドは新聞の取材を受けるほど評判を高めます。しかし、バンドの内外で問題が起こり始め、徐々にバンド活動の雲行きが怪しくなっていきます。

　そんなある日、アメリカから有名なソウルシンガーのウィルソン・ピケットがダブリンにやってきます。バンドの音楽上のリーダーであるジョーイが、かつてピケットと共演したことがあると聞いたジミーは、ピケットのライヴと同じ日にザ・コミットメンツのコンサートを開き、ピケットのライヴの公演終了後に彼にザ・コミットメンツのコンサートに飛び入り参加してもらおうと計画するのですが…。

【映画について】

- 『ザ・コミットメンツ』は、アイルランドの小説家ロディ・ドイルの同名の小説（1987）を映画化した作品です。脚本執筆にはドイル本人も参加しました。アイルランド、アメリカ、イギリスの三カ国の制作で、1991年に封切られました。日本でも同年12月に公開されています。
- 映画の舞台となっているのは、アイルランドが90年代に目覚ましい経済成長を遂げる以前の首都ダブリンです。映画に出てくる街の風景などから察しがつくと思いますが、この頃のアイルランドは、経済的に恵まれない貧しい国でした。仕事に就くことができない若者が沢山おり、映画の中でも、ジミーやディーンが失業手当を受け取りに役所に行くシーンがあります。
- 音楽性が高く、アイルランドの喜劇精神がよく表れている優れた映画で、

1991年の英国アカデミー賞の最優秀作品賞、最優秀編集賞、最優秀脚本賞を受賞し、ゴールデングローブ賞の最優秀作品賞（ミュージカル・コメディ部門）、アカデミー賞最優秀編集賞にノミネートされました。また、2005年にジェイムソン・ウイスキー社がスポンサーである「史上最高のアイルランド映画」（Best Irish Film of All Time）の投票で一位を獲得しました。アイルランド映画を語る時に外すことのできない作品です。

【登場人物の英語の特徴】

- **ジミー**。「ザ・コミットメンツ」のマネージャー。音楽通で口達者。彼を含め、以下の主要登場人物は、多かれ少なかれダブリンの労働者階級の人々が使うようなアイルランド英語を話します。
- **アウトスパン**。ギター担当。もともと売れないバンドを組んでいて、なんとかしたいと音楽通のジミーにバンドのマネージャーを依頼します。
- **デレク**。ベース担当。アウトスパンとバンドを組んでいた彼の相棒です。
- **ジョーイ**。トランペット担当。中年で、「ザ・コミットメンツ」メンバーの中で最年長。本人の話では、数々の有名ミュージシャンのバックバンドを務めた経験があるようです。
- **デコ**。ボーカル担当。歌はうまいが口と性格が悪く、一部のメンバーから嫌われています。
- **イメルダ**。バックコーラス担当。美人で、男性メンバーの憧れの的。
- **バーニー**。バックコーラス担当。イメルダの友人。ジミーはイメルダをバンドに参加させるために、まずバーニーを勧誘し、イメルダにも声をかけるよう彼女に頼みます。
- **ナタリー**。バックコーラス担当。バーニーの友人で、彼女の推薦により「ザ・コミットメンツ」に参加することになります。
- **ディーン**。サックス担当。リーゼントの似合うお洒落な若者。途中からソウルミュージックよりジャズに興味を持つようになります。
- **スティーブン**。ピアノ担当。医学生で頭が良く、コンサートの横断幕の綴りの間違いを指摘したりします。

- **ビリー。**初代ドラム担当。デコに我慢できず途中でバンドをやめることに。
- **ミカ。**腕っ節が強く、ジミーがバンドの用心棒役として声をかけます。ビリーがバンドをやめた後、彼の代わりにドラムを担当。

❷ 『ザ・コミットメンツ』で話されるいろいろな英語

　「アイルランド英語の概要」でも述べられていますが、アイルランド英語は、北アイルランドを含む北部地方で話されている北部アイルランド英語と、アイルランド共和国の大半で話されている南部アイルランド英語に大別することができます。これらはさらに細かく分類することが可能で、北部アイルランド英語は、アルスター・スコッツ、中部アルスター英語、南部アルスター英語の3つに分けることができます。南部アイルランド英語も、東海岸方言と南部・西部方言に分けることができます。共和国の首都ダブリンは南部アイルランド英語の東海岸方言に含まれますが、ダブリンで話される英語の特徴とされる固有の発音や言い回しもあります。こうした地域差が見られる一方で、アイルランドの中で広く共通して見られる発音や文法等の特徴もあります。また、社会階層や年齢層などによるバリエーションも存在します。このように「アイルランド英語」と一口に言っても、その実態はなかなか複雑です。

　『ザ・コミットメンツ』の登場人物たちは、先にも少し触れたように、多かれ少なかれダブリンの地元の人々、特に労働者階級の人々が使っているようなアイルランド英語を話します。そのなかには、ダブリン、あるいは、東海岸地域の英語の特徴とされる要素もあれば、アイルランド英語全体の特徴と言える要素もあります。しかし、いずれにしても、多くは「アイルランド英語」と言った時に出てくることが期待される発音や言い回しです。ただし、これらの英語（特に発音）は、あくまでも映画というフィクションの中で演技として再現されたものだということを念頭に置いて聴いてください。また、登場人物のなかには、場面によって、より標準的な英語の発音に近い発音をしている場合もあります。

3 アイルランド英語
3.1 音声的特徴

アイルランド英語の発音の特徴は色々あるのですが、アイルランド英語の大きな特徴とされていて、かつ日本語話者にも分かりやすい例を見ていきたいと思います。

【母音の特徴：nice と lung の発音】

次の会話は、ジミーの家の裏庭で、アウトスパンがディーンのサックスを褒める時のやりとりです。

(例 1)　00:14:22

Outspan: That's a [1]nice sax.
Dean: Yes. I haven't had it long.　[2]Me uncle gave it to me when his [3]lung collapsed.

アウトスパン：いいサックスだな。
ディーン：うん。つきあいは長くないんだ。おじさんからもらったんだよ。おじさんは肺を悪くしちゃってね。

この場面ではアイルランド英語の母音の特徴が二つ表れています。その一つは [1] nice の発音です。アイルランド英語では、RP（→ p. 14 参照）では /aɪ/ で表記される音を、[əɪ] あるいは [ɔɪ] のように発音することがあります。その結果、日本語話者にはむしろ「アイ」ではなく「オイ」のように聴こえます。(例 1) の [1] では「ノイス」のような発音になっています。

もう一つは、[3] lung の発音です。RP ではこの単語を [lʌŋ] と真ん中の母音を [ʌ] で発音しますが、アイルランドでは /ʌ/ よりも口の奥で少し唇を丸めた形で発音します（唇を丸めない場合もあります）。そのため、日本語の「ア」の音よりも「オ」の音に近く、この台詞でも「ロング」のような響

きになって、前のセンテンスの long と大差ない発音になっています。一般的に映画では fuck（くそったれ）、fuck off（うせろ、ほっとけ）、fucking（くそったれな）などという、品がないとされる言い回しが頻出しますが、アイルランド映画ではしばしば「フォック」や「フォッキング」と発音されます。これらの単語は『ザ・コミットメンツ』でも頻出しますので、「下品な」言葉使いであるということを気にしなければ、よい聴き取り練習になると思います。([2] Me uncle (My uncle) の me については後述します。)

　/aɪ/ の発音について、もう一個所分かりやすい例を挙げましょう。次の引用はバンドのメンバーが初めて揃って曲の練習をしている場面です。イメルダ、バーニー、ナタリーのバックコーラスの三人が、メインボーカルのデコの歌うのに合わせてコーラスを入れます。歌は、映画の終わりの方でザ・コミットメンツのコンサートに飛び入り参加することになっていたウィルソン・ピケットがカバーして有名になった R&B の名曲『ムスタング・サリー』です。

（例2）　00:37:00

Deco: ♪ All you wanna do is ride around, Sally

Imelda, Bernie, Natalie: ♪ Roid, Sally, roid

Jimmy: Look, don't use your own accents. It's "roid, Sally, roid." Not "roid, Sally, roid."

Imelda, Bernie, Natalie: ♪ Roid, Sally, roid

デコ：♪頭の中は乗り回すことだけ、サリー

イメルダ・バーニー・ナタリー：♪ロイド、サリー、ロイド

ジミー：おいおい、普段の発音じゃだめだろ。「ロイド、サリー、ロイド」だよ。「ロイド、サリー、ロイド」じゃない。

イメルダ・バーニー・ナタリー：♪ロイド、サリー、ロイド

　三人が何気なく歌ったら、ride /raɪd/ の発音が「ロイド」になってしまい、

ジミーから普段使っている発音 (accents) を使うなと注意されてしまいます。ところが、ジミーの模範発音自体が「ロイド」のままで、結局三人の発音も直りません。これがこの場面の笑いどころです。ここでは、/aɪ/ が [ɔɪ] のような音に変わり、日本語話者の耳には「オイ」のように聴こえるアイルランド英語の特徴的な発音が台本の上でうまく使われています。『英語のアクセント』を書いた音声学者 J. C. Wells によれば、英米の人間が抱くアイルランド人のステレオタイプは nice time を noice toime と発音することだそうですが、この場面ではそのステレオタイプをあからさまにして映画のアイルランド性を強調していると言うこともできます。

【子音の特徴：nothing と stairs の発音】
　次に、アイルランド英語に特徴的な /θ/、/ð/ の発音を見てみましょう。最後のコンサートの後、メンバーが仲間割れをして、それに愛想を尽かし、またピケットをコンサートに呼んだというジョーイの言葉を疑い、外に出て行ったジミーをジョーイが追いかけてきて慰める場面です。

　(例3)　01:49:29
　Joey: I'm sorry you doubt me, Brother Rabbitte. Look, I know you're hurtin' now, but in time you'll realize what you've achieved.
　Jimmy: I've achieved [1]nothin'!
　Joey: You're missing the point! The success of the band was irrelevant! You raised their expectations of life! You lifted their horizons!
　ジョーイ：俺のことを疑うなんて残念だよ、兄弟。今は辛いかもしれないが、そのうち君も自分が何をやり遂げたかを理解することになるさ。
　ジミー：俺は何もやり遂げちゃいない！
　ジョーイ：大事なところを分かっちゃいないんだな！バンドが成功したかどうかなんてどうでも良いことさ！君はみんなの人生の期待値を引

き上げたんだよ！新たな地平を切り開いたのさ！

　注目して欲しいのは [1] の nothin' (nothing) の発音です。アイルランド英語では /θ/, /ð/ の発音は、歯音の破裂音（閉鎖音）、つまり舌を歯につけてから破裂させる音になります（音声記号では [t̪], [d̪] と表記されます）。そのために [1] の nothin' は、直前の /ʌ/ の音をより口の奥の方で発音するのと相まって「ノッティン」のように響いています。ジョーイの台詞の the や their も破裂音のように発音されています。（ついでに、この場面でもジョーイの発音する life, horizon の /aɪ/ の音が「ロイフ」「ホロイズン」のように発音されていることにも注目しておきましょう。）

　もう一つ子音に関するアイルランド英語の特徴を取り上げましょう。ジミーは、練習に来なくなったコーラスガールのバーニーの様子を見に、低所得者向けの高層アパートにやってきます。その一階のエレベーターの前にやってくると、馬を連れた少年がエレベーターの降りてくるのを待っています。当惑したジミーが少年に声をかけます。

（例 4）　00:43:58
Jimmy: Hey.
The boy: What?
Jimmy: You're not takin' that into the lift?
The boy: I have to. The [1]stairs would kill him.
ジミー：やあ
少年：なに？
ジミー：その馬、エレベーターに乗せたりしないよな？
少年：しかたないよ。階段じゃあ、こいつ死んじまうから。

　ジミーでなくてもびっくりするような状況ですが、細かいことはおいておき、ここでは少年の発音する [1] stairs（階段）の音に注目しましょう。ア

イルランド英語では、しばしば子音の前でsの発音が[s]ではなく[ʃ]になることがあります。ここの少年の発音も「ステアーズ」ではなく「シュテアーズ」のように響いています。

【my と any】

　アイルランド英語の発音に関して、他によく耳にする個別の例をいくつか取り上げます。次の場面は、ドラム担当のビリーがバンドをやめると言い出すところです。

　（例5）　01:16:45
　Billy: Ah, you'll find someone.
　Jimmy: Ah, thanks a lot!
　Billy: You can have the loan of me kit until you do. OK?
　Jimmy: Anyone can play the drums, Billy. So fuck off!
　ビリー：ああ、誰か代わりの人間を探し出せるよ。
　ジミー：ああ、ありがとさんよ！
　ビリー：代わりが探せるまで俺のドラム一式貸してやるから。それでいい？
　ジミー：ドラムなんか誰だって叩けるぜ、ビリー。だから、さっさと失せやがれ。

　まず第一に、注目したいのはドラム一式を表す my kit が、[maɪ kɪt] ではなく [mɪ kɪt] と発音されていることです。引用の me kit はその発音を反映した綴りです。「私の」を表す my /maɪ/ が me [mɪ] になるのは他の地域の英語にも見られる現象（→ p. 29 参照）ですが、先に言及した音声学者 Wells によると、アイルランドではイングランドよりもずっと上の社会階層の人々もこの用法を使っているということです。（例1）の [2] でディーンが自分のサックスのことを話す時に使った "Me uncle"（俺のおじさん）も同じ用法です。『ザ・コミットメンツ』に出てくる my はほとんどこの me の発音になっています。同様に myself も meself となります。"I'm not doin' that! I'd kneecap meself!"（[ビデオの中でジェイムズ・ブラウンが膝から崩れ落ちるパフォーマンスをするのを見たデコの台詞] 俺はあんなことやらんぞ。膝をやっちまうだろ）。

　もう一つこの場面で出ているアイルランド英語の特徴は anyone の発音です。アイルランド英語では、any や many が /enɪ/ や /menɪ/ ではなく [ænɪ] や [mænɪ] と発音されます。any の場合は人名の Anny と同音異義語になります（原作の小説ではこの発音を表すために any を anny と綴っています）。(例5) の会話の中でもジミーの話す anyone は「アニワン」というふうに聞こえます。この発音は、他の場面でも確認することができます。(例1) のディーンがサックスのことをアウトスパンに話す場面のすぐ後で、ジミーの家の隣に住む中年女性が歌を歌いながら彼らに近づいてきて、"Any chance for me, lads?"（ねえ、あんたたち、私にも（バンドに入る）チャンスある？）と話しかけるのですが、この時の "Any" の発音が [ænɪ] です。

【Jaysus】

　英語でののしったり、強い驚きや不信や失望などを表す時、Jesus [dʒiːzəs]（ちきしょう、くそ）と口にすることがありますが、これをアイルランド英語ではよく [dʒeɪzəs] と発音します。『ザ・コミットメンツ』でも、約20個所に出てくる Jesus のうちほとんどが、この「ジェイザス」の発音です。映画の字幕や小説などではこの発音を表記するために Jesus を Jaysus あるいは Jaysis と綴ります。

　次の引用はザ・コミットメンツが最初のコンサートの開演直前、まだ幕の上がっていないステージの裏で緊張しながら待機しているときの会話です。あまりに緊張して吐き気をもよおすメンバーも出る始末。そんななか、アウトスパンは会場に来ている母親の姿を見つけます。

(例6)　00:53:11

Outspan: [1]Sweet Jaysus! She promised me she wouldn't come!

Natalie: Who?
Outspan: Me ma!
アウトスパン：くそ、なんてこった！来ないって約束したのに！
ナタリー：誰のこと？
アウトスパン：俺のかあちゃんさ！

[1] でアウトスパンは、単体の Jaysus ではなく、前に Sweet をつけて強調しています。よほど母親に見られるのが恥ずかしかったのでしょう。まるで学芸会に出るのを恥ずかしがって「今日は見に来ないで」と親に頼む小学生のようです。案の定、女性メンバーに笑われてしまいました（ma については「語彙」の項目を参照。また、ここで come は「コム」、my が me [mɪ] とアイルランド英語の特徴が分かりやすく発音されていますので、併せて聴き取ってみて下さい。）

3.2 語彙的特徴

アイルランド英語には独特な語彙が沢山あります。その一つはアイルランド語に由来する単語です。例えば「若い女性」を表す colleen、「何か買い物をした時のおまけ分」を意味する tilly、「口」を表す gob などがこの例です。また、表記が同じでも違う意味を持つ単語もあります。例えば bold は標準的な英語では「勇敢な」という意味ですが、アイルランドではしばしば「いたずらな、わんぱくな」という意味で使われます。また、何かを褒める時に、fine や nice の代わりにしばしば grand という言葉を使います。残念ながら、映画『ザ・コミットメンツ』にはこのようなアイルランド英語特有の語彙がほとんど出てきません（原作の小説には grand の用例が多く出てくるのですが）。それでもいくつかは出てきますので、以下で見ていきましょう。

【ma, da】
リハーサルに来なくなったバーニーの家をジミーが訪ねた時の会話です。

(例 7) 00:44:34

Jimmy: Bernie, you've been missin' rehearsals.
Bernie: You can see why, for Jaysis' sake! Me ma can't work. She's about to drop another one. Me da's in the fuckin' hospital. So I'm the only one bringin' any money in.
ジミー：バーニー、リハーサルに来なくなったじゃないか。
バーニー：理由は分かるでしょ、あきれるわね！母さんが働けないのよ。また一人赤ちゃんが産まれそうなの。父さんは入院中だし。だから、お金を稼げるの私だけなのよ。

　この会話の中に出てくるように、アイルランド英語では、しばしば母親のことを ma [mɑː]、父親のこと da [dɑː] と呼びます。(例 6) の最初のコンサートの開始直前の台詞でも、アウトスパンが自分の母親のことを "Me ma!" と言っていましたね。映画の中では他にも、"It's me ma's."（それ俺の母ちゃんのだよ。）、"You're the same age as me da!"（あんた俺の父ちゃんと同じ年じゃないか！）などの例があります。

【eejit】

　eejit [iːdʒɪt] は、標準的な英語の idiot [ɪdiət]（ばか、まぬけ）がアイルランドで変化して発音されるようになったものです。idiot は、最も重度の知的障害を持つ人を指す言葉としても用いられて来ましたが、eejit の場合はもっぱら何か失敗や馬鹿なことなどをした（あるいは、している）人を指す時に使う言葉になりました。

(例 8) 00:06:45、00:25:52

[1] Jimmy: That eejit's singin' somethin' approximatin' music.
ジミー：あのバカ、歌らしいものを歌ってるじゃないか。

[2]Bernie: Who the fuck will be lookin' at your fuckin' thigh, yeh fuckin' eejit.
バーニー：いったい誰があなたの太ももなんか見るっていうのよ、ほんとバカね。

　上の [1] の台詞は、イメルダの姉の結婚パーティで、アウトスパンとディレクとバンドの話をしている時に、マイクを持って歌っていたデコを発見したジミーの台詞です。酔っぱらって恰幅の良い体をゆらしながら歌っているデコのことを称して「あのバカ」と言っています。ここではきついニュアンスはなく、むしろ親しみさえ感じられるような言い方です。[2] はバックコーラスの三人がバンドの会合のためにジョーイの家の前の階段を登って行く場面で、ストッキングが伝線してしまったのを気にするイメルダにバーニーが言う台詞です。面と向って言っていますが、親しい間柄ですので問題はありません。むしろ親密な間柄であることを示す表現です。
　しかし、本人の聞いていないところで軽い調子で使ったり、親密な間柄で使うのは許されるとしても、元々が人を見下す言葉ですので、面と向かって言う場合はやはり注意が必要です。例えば以下の場面。コンサートのときに、ある曲の最後で勢い余ったドラムのビリーがシンバルを倒してしまいます。それを見たデコが、ジョーイにシンバルを元に戻してもらっているビリーに向って言います。

(例9)　01:11:09
Deco: Fuckin' eejit!
Billy: Sorry, Joey. I got a bit carried away. And you, George Michael! You ever call me a fuckin' eejit again, you'll go home with the drumsticks stuck up your hole!
デコ：間抜け野郎！
ビリー：すまない、ジョーイ。ちょっと夢中になっちゃって。それから貴様、

ジョージ・マイケル！もう一度俺のことを「間抜け野郎」なんて呼んでみやがれ、尻にドラムスティックをぶち込まれて家に帰ることになるぜ！

　デコの言い方もよくないのですが、彼のことを快く思っていないビリーは露骨に反感を示しています。

【scarlet】
　ザ・コミットメンツの最初の全体リハーサルの場面です。コーラスの三人が一緒に歌い出さなくてはいけないところで、他の二人が歌い出さず、イメルダだけが声を出します。すかさずジョーイが練習を止めて、彼女達のところに行って指導します。

（例10）　00:36:45
Joey: Now, sisters, that's where you all come in. Ride around, Sally.
　　　♪ Ride, Sally, ride.
Natalie: Jaysus, sorry.
Imelda: I'm scarlet!
ジョーイ：さあ、お嬢さんたち、ここはみんなで一緒に入るところだ。乗り回すことだけ、サリー。♪乗り回せ、サリー、乗り回せ。
ナタリー：ああ、ごめん。
イメルダ：ああ、恥ずかしい。

　イメルダは、声を出したのが一人だけだったので、「ああ、恥ずかしい。」と言うのですが、ここで使われているのが、アイルランド英語特有の言い回しである scarlet という言葉です。恥ずかしいと顔が真っ赤になるので scarlet ということです。文字通りに訳せば「（恥ずかしくて）顔が真っ赤よ」という感じでしょうか。

3.3 文法的特徴

次に文法的な観点からアイルランド英語の特徴が出ているところを見ていきましょう。

【完了の意味を表す be after 〜 ing】

初めてのコンサートを終え、次のコンサートのための練習を始めた頃、ジミーはジョーイを家に招きます。ジョーイは、エルヴィス・プレスリーの大ファンであるジミーの父親に、彼がプレスリーの邸宅を訪れたときのことを話して聞かせます。ジョーイの話によると、酒を飲んでしたたか酔っていたプレスリーの父親が、（洗面器代わりに？）ジョーイのトランペットの中に反吐をもどしてしまったのを、大スターであるプレスリーが自ら綺麗に洗い、さらには父を許して欲しいと謝罪までしてくれたということです。トランペットを汚された時、プレスリーはそこに居合わせなかったため、ジョーイは2階にいるプレスリーのところに行って汚れたトランペットを見せます。次の引用は、その時ジョーイがプレスリーに言った台詞です。

(例 11) 01:06:48
Yo! Elvis, me man. Look what your daddy's after doin' to my trumpet.
よう、エルヴィス、おい。お前の親父が俺のトランペットに何をしちまったか見てくれよ。

ここで注目したいのが、完了の意味を表す be after 〜 ing というアイルランド英語の代名詞とも言える構文です。この構文は、完了した、現在から遠くない過去の行為や出来事を表現するのに使われます。映画ではこの一例しか出てきませんが、原作の小説の中には "I'm after rememberin'."（あっ、思い出したぜ。）という用例があります。

【二人称代名詞 yous, yez の使用】

　標準的な英語では、二人称の代名詞は単数形、複数形両方に you を使います。単複同形です。ところがアイルランド英語では二人称の代名詞の単数形、複数形を区別することがあります。この場合単数形は通常通り you を使うのですが、複数形はいくつかの言い方があります。一つは、昔の英語の二人称の複数形をそのまま保持したもので、ye（発音は [jiː]）「イー」という言い方です。あるいは単数の you や複数形の ye に複数形を作る接尾辞の -s をつけて、yous（youse と綴ることもある。発音は [juːz]）または yez（yis などと綴ることもある。発音は [jɪz]）という言い方をします。これらのうち、yous と yez の形はとりわけダブリンの英語の特徴と捉えられています。『ザ・コミットメンツ』の中でもこれらの形が頻出します。少し取り上げてみましょう。まずは、yous の例です。

（例 12）　00:49:57、00:55:12
Yous are all so fuckin' stupid!
[バーニーがバンドの複数の男子メンバーに向って] あんたらみんなとんでもないバカばっかり！
I hope yous like me group!
[デコが観客に呼びかけて] みんな、俺のバンドを気に入ってもらえるといいな！

次に yez の例です。

（例 13）　01:03:56
When are yez playing next?
[少年が町でイメルダとナタリーに声をかけて] 次はいつ演奏するの？

(例 14) 01:30:39
Shut up, the lot o' yez! And you, Deco!
［ジミーがバンドのみんなに向って］お前らみんな静かにしてくれ！それからお前もだ、デコ！

（例 14）は他のみんなには yez を、デコ一人に対しては you を使っていて、複数形と単数形での使い分けがよく分かります。

【否定の命令形 Don't be ～ ing】
　ザ・コミットメンツは何度目かのコンサートを遠方で行うことになりました。しかし、移動手段がありません。困った彼らが思いついたのは、バーニーが仕事で使っているフライドポテトの移動販売車を使うことでした。バーニーは雇われの身で、車は会社のもの。当然勝手に使って良いものではありません。車を保管してある車庫の前で、いろいろ不安を口にするバーニーに向かって新しいドラム担当のミカが次のように言います。

(例 15) 01:19:33
Mickah: Don't be worryin'.
ミカ：気にするな。

　標準的な英語なら Don't worry で済ますところを、ここでは Don't の後が進行形になっています。このようにアイルランド英語では、Don't be ～ ing の形の命令文が使われることがあります。この言い回しは、昔からあるアイルランド英語の特徴の一つで、アイルランドの古典文学作品などでもよく見られます。

❹ 映画のみどころ
　この映画の最大の魅力は、なんと言ってもザ・コミットメンツのメンバー

達の元気の良さにあります。ソウルミュージックのバンドとなることに初めはメンバーの多くがとまどっていますが、やがてジミーの情熱的な掛け声に乗って突っ走ります。結局最後は仲間割れを起こしてバンドは空中分解してしまうのですが、この映画を観ていると、たとえ最後で失敗に終わったとしても、仲間とともに夢を追いかけて何かに熱中することの楽しさ、大切さが良く伝わってきます。

　この映画で話される英語の特徴は、これまで見てきたように、アイルランド英語特有の表現・語彙が顕著(けんちょ)に見られるということですが、もう一つの大きな特徴は、猥雑(わいざつ)と言ってよいほど多くの品の悪い言葉が、会話の中でぽんぽん飛び交うということです。たしかに、これらの言葉をもって彼らのことを下品と呼び、否定的に見ることもできるかもしれません。しかし、筆者はむしろ、そういうやり取りが、良い意味で彼らのあふれ出るエネルギーを表していると思います。冒頭の「映画について」で書いたように、この映画の舞台は経済的に恵まれない時代のアイルランドです。都会で若者が仕事を見つけるのも難しい社会状況です。そのような逆境にあっても失われない彼等の気力、夢を追いかける活力。品が悪くても威勢のいい彼等の英語は、そうした彼等の元気の良さの反映です。この映画を観賞する時、読者の皆さんもそういうものとして彼らの言葉づかいを受入れて下さったら幸いです。

❺ 映画のなかの英語について考えてみよう

- 上で指摘したアイルランド英語の特徴を、他の場面でも探してみましょう。
- 登場人物たちが挨拶する時、多くの場面で、アイルランドでよく耳にするカジュアルな挨拶の表現が使われています。それはどのようなフレーズで、どのように発音されているでしょうか。ジミーが、バーニーの働いている店（移動販売車）にフライドポテトを買いに行くシーンを観て聴き取ってみましょう。

❻ こんな映画も観てみよう

『Once ダブリンの街角で』（2006）。『ザ・コミットメンツ』でアウトスパンの役を演じたグレン・ハンサードが主役を務める音楽映画で、ダブリンの30代のストリートミュージシャンの男性とチェコ出身の若い移民の女性（子どもがいて、夫は訳があってチェコに在住）の物語です。ミュージシャンである男性は自分の歌を発表する自信がなく、女性は以前は音楽をしていましたが今はこの新しい街になじむので精一杯。そんな二人がダブリンの繁華街の路上で出会い、交流を深めていきます。二人はお互いの音楽的才能を認めるようになり、力を合わせて男性の歌のデモ CD を作ります。そして、その CD を携え男性は一人ロンドンで音楽活動をするために旅立ちます。

二人はお互いに惹かれ合っているようなのですが、最後までプラトニックな関係を貫きます。男性、女性とも個有の名は付けられておらず、名前を呼び合うことはありません。

『麦の穂をゆらす風』（2006）。アイルランドといえばイギリスの支配からの独立闘争の歴史を忘れるわけにはいきません。この映画は、第一次世界大戦後のアイルランド独立戦争から内戦にいたる激動の時代を舞台に、独立のための戦いに身を投じたアイルランドの兄弟の姿を描きます。多大な犠牲を払った独立戦争の結果、アイルランドはイギリスと条約を結び自治を獲得します。しかし、自治権を与えられてとりあえず一歩前進とするか、それとも一気に完全独立を勝ち取るかの考え方の違いで、それまで共にイギリスと戦ってきた仲間同士が争うことになります。兄弟も立場が分かれ、兄は条約を受入れて成立した新政府の軍隊の指導的立場に就き、弟は完全独立を求める側に立ってゲリラ活動を行います。そして、弟は捕らえられ、処刑されることになります。その時に兄が取った行動は…。そして、それに対する弟の答えは…。2006年のカンヌ国際映画祭でパルムドール賞を受賞した名作です。

［読書案内］

ロディ・ドイル『おれたち、ザ・コミットメンツ』関口和之訳、集英社、1991 年。
海老島均、山下理恵子編著『アイルランドを知るための 70 章　第 2 版』明石書店、2011 年。

［参考文献］

Carolina P. Amador-Moreno. *An Introduction to Irish English*. London: Equinox, 2010.
David Britain. Ed. *Language in the British Isles*. Cambridge: Cambridge University Press, 2007.
Raymond Hickey. *Irish English: History and Present-day Forms*. Cambridge: Cambridge University Press, 2007.
John C. Wells. *Accents of English*. 3 vols. Cambridge: Cambridge University Press, 1982.

スコットランド英語が聴ける映画

『Dear フランキー』(2004) は、グラスゴーの西に位置する小さな港町が舞台です。リジーは、耳の不自由な9歳の息子フランキーと一緒に、夫の元を逃れて暮しています。彼女は息子に「父親は船乗りだ」と嘘をついて父親のふりをして手紙を書き続け、息子からも郵便局留めで返事を受け取っています。父の船が近くに入港すると知って父に会いたがる息子。彼の願いをかなえるため、リジーは見知らぬ男を紹介してもらって一日だけ父親のふりをしてもらうのですが、やがて…というあらすじです。冒頭の引っ越しの場面でフランキーが父親に向かって心の中で語りかけている箇所では、文末が高くなるというスコットランド英語のイントネーションの特徴を聴くことができます。また th の有声音が r のように聴こえ（正確には歯茎はじき音）、this time が「ラスタイム」のように聴こえるのもわかるでしょう。また world はワルルドという感じで母音の後の r の音がしっかり発音されています。

『メリダとおそろしの森』(2012) はピクサー社の長編アニメーション映画です。スコットランドのハイランド地方が舞台で、原題の *Brave* はスコットランドの非公式国歌 "Scotland the Brave"（勇敢なるスコットランド）を連想させます。メリダや父の声を演じているのはスコットランドを代表する俳優たちです。主人公メリダはブロッホ族の族長の長女で、馬に乗り剣を使い、弓を引く勇敢な少女ですが、魔女の口車に乗って誤って母親に呪いをかけてしまいます。そしてその呪いを解くために試行錯誤することになるのです。台詞はスコットランド英語の特徴的な発音で話され、また wee（小さい）や lass（娘さん）などスコットランド英語に特徴的な語彙が使われています。

[読書案内]

P. トラッドギル、J. ハンナ「スコットランド英語とアイルランド英語」『国際英語――英語の社会言語学的諸相』寺澤芳雄、梅田巌訳、研究社、1986年。

田中幸子「ケルト語地域の英語」田中春美、田中幸子編『世界の英語への招待』昭和堂、2012年。

方言指導、映画製作の立場から見る「映画と多様な英語」

イギリスの音声学者ジェフ・リンジー博士（ロンドン大学夏期音声学セミナー講師）に映画と多様な英語について見解を語ってもらいました。

　音声学者として方言指導に携わり、映画製作も行っている立場から、映画の英語についてお話ししましょう。最近の映画を観ていると、俳優が自分の地の発音ではない英語変種を話していても気づかないことがあります。映画ではイギリス英語を話していたのに、インタビューではアメリカ英語だったので、イギリス人ではなかったと初めて気づくというようなことです。俳優によって、また作品によって差がありますが、一般的にその国・地域に合った本物らしい発音を演じるレベルが上がってきました。

　以前はそうではありませんでした。1964年の『メアリー・ポピンズ』のバートは、アメリカの著名な喜劇俳優ディック・ヴァン・ダイクがイギリスのコックニー英語をうまくまねられなかった有名な例ですね。1985年の『愛と哀しみの果て』でアメリカ人のロバート・レッドフォードがイギリス貴族を演じたときも、全然それらしくなかった。努力しているのにうまくできていないというよりも、発音にこだわる必要を感じていない、という印象でしたね。もちろん、彼の相手役でデンマーク貴族として英語を話すアメリカの女優メリル・ストリープは非常に上手に特徴を出していましたから、個人差が大きいことは言うまでもありませんが。

　映画に出てくる様々な英語が、実際の発音を忠実に反映するようになったのは、特に1990年代くらいからでしょう。理由はいくつかありますが、グローバリゼーションの高まりが大きいと思います。多くの人々がインターネットや衛星放送を通じて簡単に、世界中の英語を耳にすることができるようになりました。映画やドラマで再現される多様な英語の「本物らしさ」に対しての要求水準が上がったのです。

Chapter 5 オーストラリアの英語 『オーストラリア』

オーストラリア英語の概要

オーストラリアは人口約 2,200 万人（2011 年）、国土面積が日本の約 20 倍で、英語を公用語とする。人口の 4 分の 1 は海外出身と推定される。かつてはイギリス、アイルランドからの移住者が多かったが、1970 年代にそれまでの白人優先主義を廃し、移民政策を転換した後は、アジア、中東からの移住者が増え、多民族・多文化国家としてのアイデンティティを模索している。

オーストラリア英語は、歴史的にイギリス英語とのつながりが深い。1788 年の入植開始以来、流刑囚を含むイギリスからの移住者が多く、特にイングランド南東部の都市出身者が多かったので、today（トゥデイ）が to die（トゥダイ）のように聞こえるという特徴が、オーストラリア英語でも、ロンドン下町のコックニー英語でも共通して聴かれる。なお近年では、メディアを通して、アメリカ英語からの影響も大きく受けている。

地域方言の差異は比較的小さい。これは、オーストラリアにおける英語の歴史が比較的短いこと、また、国土が広大であるが、約 2,100 万人の人口の半分が四大都市（シドニー、メルボルン、パース、ブリスベン）に集中していることなどが理由として挙げられる。

社会方言としては、「教養あるオーストラリア英語」（Cultivated Australian）、「一般オーストラリア英語」（General Australian）、「ブロード・オーストラリア英語」（Broad Australian）という分類がなされることが多い。「ブロード・オーストラリア英語」は、オーストラリア英語の音声的特徴が一番強く出たもので、「教養あるオーストラリア英語」ではその特徴は一番少なく、「一般オーストラリア英語」では中程度出ている。この三区分は明確に区別されるものではなく、むしろ連続して

いて、話者が状況（場・聞き手・話題）に応じて使い分けることも多い。

先住民族アボリジニの言語との接触によって生まれた「アボリジナル英語」もある。

発音

特徴的な母音を挙げる。最もよく知られているのは前述の day などの母音が [eɪ]（エイ）ではなく [aɪ]（アイ）となることである。挨拶の g' day はグッダイとなる。また see などの母音が [iː]（イー）ではなく二重母音 [əɪ]（アイ）となることも特徴的である。boot などの母音は /uː/（ウー）ではなく [əu]（アウ）となる。town などの二重母音 [aʊ] の最初の音が [æ] に近づきテウンのようになる。強勢のない音節の母音（弱母音）が曖昧母音の [ə] になることが多い。例えば Darwin の第2音節では [ɪ] のかわりに [ə] が用いられ、ダーウィンでなくダーワンのように聴こえる。

文法

オーストラリア英語特有の文法特徴は少ないが、三人称女性代名詞 she を、無生物を指す it の代わりや、everything の代わりに使うことが、イギリスやアメリカの英語に比べて多いことが挙げられる。"She'll be right." が "Everything will be all right."（すべて大丈夫ですよ。）の意味で使われるなどである。

語彙

アボリジニの言語から英語に入った借用語の中には、オーストラリアの動植物を表した語（kangaroo、koala）や文化・習俗に関わる語（boomerang）のようにオーストラリア外で広く知られているものも多い。アボリジニが大人の仲間入りをするために一定期間奥地を歩きまわる生活をする習慣を白人が真似た walkabout（ウォーカバウト、徒歩旅

行）も広く知られている語の一つである。
　イギリスからもたらされた英語語彙がオーストラリアで別の意味で用いられるようになったものも多い。例えば bush はイギリスでは「やぶ」を意味するが、森林地、奥地を意味するようになった。go bush（奥地に逃げ込む、野生化する）、get bushed（奥地で迷う）などの表現もある。
　英語には名詞の一部に -ie や -y をつけて親しみを込めた短い愛称語を作るという造語法がある。オーストラリア英語ではこれが多い。オーストラリア人（Australian）をオージー（Aussie）というのはよく知られている。他に hubbie（夫 husband）、mossie（蚊 mosquito）など。
　オーストラリア英語の辞書として『マッコーリー辞書』（*Macquarie Dictionary*）が1981年に出版された。

① 映画『オーストラリア』
【あらすじ】
　イギリス人貴族のサラは、夫が所有する牧場を売却するため、オーストラリア、ノーザン・テリトリーの奥地にやってきます。夫が急死したため、サラは代わりに牧場を経営しようとしますが、大牧場主のカーニーや、牧場ののっとりを狙う管理人フレッチャーの妨害を受けます。サラは、牛追いのドローヴァーや、牧場で働くアボリジニ、中国系移民たちの助けを借りながら危機を切り抜けていきます。アボリジニの母親と白人の父親を持つ少年ナラを、サラは我が子のように可愛がりながら、ドローヴァーとともに牧場で暮らします。やがて、ナラをアボリジニに代々伝わるイニシエーション、「大人になるための旅」（ウォーカバウト）に送り出すべきだと主張するドローヴァーとサラは喧嘩し、ドローヴァーは牧場を出ていってしまいます。一方ナラも、政府の混血児隔離・同化政策によりダーウィン沖合の島、ミッション・アイランドに強制収容されてしまうのです。日本軍の空襲の中、ドローヴァーがナラの救出に向かうのですが…。

【映画について】
● 『オーストラリア』は、2008年11月にオーストラリアで公開され、『クロコダイル・ダンディー』に続く史上第2位の興行収入を得た大ヒット作です。日本でも翌2009年に公開され、ニコール・キッドマンとヒュー・ジャックマン主演のオーストラリア版『風と共に去りぬ』として評判になりました。また、映画のなかで日本軍がダーウィン空襲に続いて上陸するところが、史実と違う（実際は空襲のみ）ということも話題になりました。
● この映画の背景にあるのは、白人とアボリジニの間に生まれた子どもたちを、強制的にアボリジニの親から引き離して白人文化のなかで育てるというアボリジニ隔離・同化政策です。こうして育てられた子ども達は「盗まれた世代」(the Stolen Generation) と呼ばれています。映画の最後では、1973年にこの同化政策がなくなったこと、また、2008年に盗まれた世代に対して、ケヴィン・ラッド首相（当時）が謝罪したことが字幕で示されています。
● ノーザン・テリトリーの大自然の映像が、この映画の魅力の一つです。オーストラリア政府は観光産業振興のために、映画製作費1億5,000万ドルのなかの4,000万ドルを負担しました。一度行ってみたいと思わせる雄大な映像です。

【登場人物の英語の特徴】
● **サラ・アシュリー。** 主人公のイギリス貴族の女性。イギリスの上流階級の英語（イギリス標準英語、RP（→ p. 14参照））を話します。サラも、サラの夫も、執事も皆オーストラリアの俳優によって演じられていますが、皆イギリス英語を話しています。
● **ドローヴァー。** オーストラリアの奥地で牛追いをして暮らす自由人。オーストラリア英語（ブロード・オーストラリア英語）を話します。
● **ナラ。** アボリジニの母親、白人の父親の間に生まれ、母親に育てられている子ども。アボリジナル英語を話します。映画全体の語り手でもあります。
● **ニール・フレッチャー。** サラの牧場の管理人。ブロード・オーストラリア

英語を話します。
- **カーニー**。大牧場主。ブロード・オーストラリア英語を話します。
- **キング・ジョージ**。ナラの祖父であるアボリジニの長老。アボリジニの言語のみを話します。
- **ダットン大尉**。軍人。一般オーストラリア英語を話します。
- **キャサリン**。カーニーの娘で、ニールの婚約者。オーストラリア英語の特徴が少ない発音の英語を話します。

❷『オーストラリア』で話されるいろいろな英語

　映画の導入部分では、アボリジニの少年が話す英語、イギリス英語、オーストラリア英語が、順番に聴こえます。原住民アボリジニが住んでいた大陸にイギリス人が入植し、やがてオーストラリアという国が生まれたという歴史的な流れをなぞる順序です。

　最初に聴こえてくるのは、語り手ナラのアボリジナル英語です。黄昏の平原にアボリジニの子どもと大人の影が映り、ナラが祖父キング・ジョージから、ブーメランや槍の使い方を学んでいる様子が描かれます。この映像と重なるように、ナラが物語を始めるのです。その背後には、祖父がアボリジニの言語でナラに語りかけている声が小さく聴こえます。そこに加わるナラの神秘的な歌声。映画全体がアボリジニの血を引くナラが語る物語だということが、映像的にも言語的にもしっかりと印象付けられる導入部です。物語の始まりを告げるナラの台詞を見てみましょう。

（例1）　00:04:53
This land my people got many names for. But white fellas call it Australia. But this story not begin that day. This story begin a little while ago in a land far, far away. That land called England.
この国を僕の祖先はいろいろな名前で呼んでいた。でも、白人は「オーストラリア」と呼ぶ。けれども、この物語の始まりはその日ではない。始まりは

少し前、遠い、遠い国でのこと。「イングランド」と呼ばれる国でのことだ。

変声期前の男の子の声で、ゆっくりと発音されるこの英語からは、少し舌足らずな話し方だという印象を受けるかもしれません。これは、話者が子どもだからという理由も大きいのですが、それとあいまって、強弱アクセントの差が小さく、イントネーションの変化が少ないというアボリジナル英語の特徴のためでもあります。また、この文は文法的にもいわゆる標準的な文法とは異なる特徴があります。

　（例1）で"Australia"と言うときのナラの発音は、/st/ の子音連続が /ʃt/ となって「オシュトレイリア」と発音されるため、他のオーストラリア英語の話者と異なる印象が強くなります。このとき映像では、オーストラリア大陸の地図の上に、映画タイトルの AUSTRALIA の文字が現れるのです。

　場面は次に、イングランドの貴族の邸宅に移ります。上品な乗馬服を着て白馬にまたがる貴族サラ・アシュリーと執事が、オーストラリアの牧場に行ったまま帰らないままでいるアシュリー卿について話しています。それから、オーストラリアへ向かう機内でのサラの様子とオーストラリアの位置を示す世界地図の映像が現れ、サラと夫がやりとりする電報の内容が重なります。さきほどまでのナラのアボリジナル英語による語りとは打って変わって、テンポの速い、たたみかけるようなイギリス英語が、難しい語彙や皮肉を交え、また、イギリス英語の特徴である文末の下降イントネーションとともに繰り広げられます。

　飛行機の窓からオーストラリア北部の港町ダーウィンの様子を驚いたように眺めるサラの横顔が映されたあと、ダーウィンの酒場での喧嘩の場面となります。ドローヴァーの登場です。「牛追い」を意味する drover（ドローヴァー）は本名ではないのですが、映画の中ではこれ以外の名前は明かされません。奥地の大自然のなかで生きる自由人を象徴する名前です。

　この場面で使われる英語は、これまでの場面で使われていたフォーマルなイギリス英語から、一転して、インフォーマルな、荒っぽいオーストラリア

英語へと変わります。ドローヴァーはオーストラリア特有の発音が際立つブロード・オーストラリア英語を話しています。これは酒場の主人アイヴァンやからんでくる酔客も同じです。

　またドローヴァーは、アボリジニの女性と結婚していたことがあり、白人社会では異質な存在として扱われています。アボリジニのマガリとドローヴァーの間ではアボリジニの言語でのやりとりもありますが、ほとんどが英語の会話です。

3 オーストラリア英語
3.1 ブロード・オーストラリア英語の音声的特徴

　船でダーウィンに到着したサラが桟橋を渡っているところを、男たちが遠くから眺めている場面を取り上げて、オーストラリア英語の中でも特に発音に特徴を持つブロード・オーストラリア英語について見てみましょう。まず、地元の有力者で大牧場主カーニーが、事務所の窓からサラを見ながら、仲間のニールに向かって言う台詞です。

（例2）00:09:33

Carney：A bit [1]pale. Not a bad-looking [2]sheila, but what's the story on the luggage?　Wants to settle [3]down in the [4]outback, does she? If she [5]stays and Lord Ashley manages to get his cattle [6]down onto that wharf there, then we've got a competitor for the Army [7]contract, [8]Neil.

カーニー：青白いな。いい女だ。でもあの荷物はいったいどういうつもりだ？奥地に住みつこうっていうのか？奥さんが住みついて、アシュリー卿がこの波止場まで牛を連れてきたら、軍への売り込みのことで俺たちのライバル登場だな、ニール。

　カーニーはこれまでノーザン・テリトリーの畜肉供給を独占していたの

で、サラの夫、アシュリー卿が牧場経営に参入することを苦々しく思っています。そしてアシュリー卿の牧場ファラウェイ・ダウンズを管理しているフレッチャーを手なずけて、妨害しようとしているのです。

　ここでは、カーニーの台詞の特徴として、鼻にかかった話し方をしていることに注意してみましょう。ブロード・オーストラリア英語では、鼻音の子音（/m/、/n/、/ŋ/）に隣接する母音が鼻音化する傾向が強くなります。例えば [3] [6] の down や [7] の contract がわかりやすいでしょう。カーニーの台詞は個別の単語だけでなく、全体に鼻音化傾向が強いです。

　カーニーが話しかけているニール・フレッチャーの属するフレッチャー家は祖父の代から英国人貴族が所有する牧場を管理してきました。自分こそ牧場の主人にふさわしいという自負と恨みを持っています。映画の後半でニールがサラに言う台詞がその思いを示しています。"My family worked this property for three generations. My father died making people like you rich. Faraway Downs belongs to me."（俺たち一家が祖父のときから三代、この農場を経営してきた。親父は死ぬまであんたたちを金持ちにするために働いた。ファラウェイ・ダウンズは俺のものだ。）という思いです。

　（例2）に続く場面のカーニーとニールのやりとりを見てみましょう。

（例3）00:09:58
Carney：[1]But it's a poor war that doesn't make a decent patriot rich. [2]So, I don't want a single [3]beast from Faraway [4]Downs to set a [5]hoof on that wharf. You with me [6]Neil?
Neil：Yeah, yeah, yeah, yeah. Nature'll take its course.
Carney：What [7]about the missus?
Neil：I've arranged for someone special to give her the [8]old [9]scenic [10]route. Give her [11]taste of the outback.
カーニー：まともな愛国者が金儲けできない戦争なんてひどい戦争だ。だから、ファラウェイ・ダウンズの牛は、一頭たりともあの波止場を踏ませ

　　　　るな。わかったな、ニール。
　　ニール：はい、はい、はい。まかせてください、うまくいきますよ。
　　カーニー：あの奥さんはどうする？
　　ニール：景色のいいところを見せてくれる特別な案内人を手配しましたよ。
　　　　　　奥地の気分を味わってもらいましょう。

　ニールもブロード・オーストラリア英語の話者です。(例2)、(例3) から、以下に取り上げるオーストラリア英語に特徴的な母音を聴き取ってみましょう。

【day の母音が [aɪ]】

　オーストラリア英語の特徴的な発音として「トゥデイ today がトゥダイ to die に聴こえる」というのは、耳にしたことがある人も多いでしょう。(例3) [11] の taste、(例2) [1] の pale、(例2) [5] の stays でこの母音を聴くことができます。

【see の母音が [əɪ]】

　see の母音として二重母音の [əɪ]（アイ）という二重母音が用いられる特徴があります。
　(例2) [8]、(例3) [6] の Neil はニールではなくナイル、(例3) [3] の beast はビーストではなくバイスト、(例3) [9] の scenic はシーニックではなくサイニックのように聴こえます。

【boot の母音が [əu]】

　boot の母音が、長母音の [u:]（ウー）ではなく二重母音の [əu]（アウ）になる傾向があります。(例3) [5] の hoof はフーフではなくハウフ、(例3) [10] の route はルートではなくラウトのように聴こえます。

【so の母音が [ʌʊ]】

　so の母音に [ʌʊ]（アウ）を用いる傾向があります。（例 3）[2] の so や（例 3）[8] の old の母音が、オウではなく、アウのように聴こえることを確認してみましょう。

【down の母音が [æʊ]】

　down の母音は [æʊ] が用いられる傾向があります。（例 2）[3] [6] の down、（例 3）[4] の Downs、[7] の about の母音を聴いてみましょう。アウと聴こえますが、初めの音がエとアの中間の母音 [æ]（apple の母音）になっていて、about はアバウトとアベウトの中間のように聴こえます。

　ここで挙げた特徴は、オーストラリア英語のなかでも特に、英米標準英語との違いが大きいブロード・オーストラリア英語によく表れるものです。話者によってはこうした特徴の表れない英語を話す人もいます。

3.2　語彙的特徴

　『オーストラリア』の映画では、オーストラリア英語特有の語彙が多く用いられています。（例 2）[2] の sheila は、「若い女（young woman, girl）」を指して男性が用いる語です。また、（例 2）[4] の outback も「奥地」を表すオーストラリア英語の用法です。

　映画の中で用いられている特徴的な単語のいくつかを取り上げてみましょう。

balanda: 白人（アボリジニが白人を指して呼ぶ語）。 ナラはサラにニールの正体を告げる場面で、"That balanda Fletcher been curse this place."（あのフレッチャーという白人がこの場所に災いをもたらした。）といいます。balander と綴られることもあります。

billabong: 川の分流。雨季だけ水のたまる水路。ナラは初めてサラの前に

姿を現わす場面で、"So that's why I took him down the billabong."（だから旦那様を川の分流へ連れて行ったんだ。）と語っています。この場面では牧場付近の地図が映り、川からこぶのように突き出た billabong の形状が確認できます。

boong:（侮）アボリジニ、黒人、有色人。ダーウィンでパブを経営するアイヴァンが、"No boongs in here."（アボリジニはお断りだ。）と言います。ここではアボリジニのことを指す、侮蔑的な語です。アイヴァンは "Run after your boong friend."（アボリジニの友達のところに行くがいい。）とドローヴァーに言い喧嘩になります。

crickey: おや、まあ。感嘆詞。ドローヴァーがよく使っています。途中で、サラも使って見せる場面があり、ドローヴァーへの親近感を表す場面となっています。

digger: オーストラリア兵。"They're not diggers, mate. They're Yanks."（オーストラリア兵じゃない、アメリカ兵だ）。映画後半で、ジープの部隊を見てドローヴァーがマガリに言う台詞です。Yank は Yankee の短縮形で「アメリカ人」を指しますが、侮蔑的な意味はありません。

get cracking: 仕事を威勢よく始める。"Let's get cracking."（さあ始めよう。）と牛追いの旅に出るときにドローヴァーが言います。

go walkabout: 奥地を放浪する。特に、アボリジニが一定期間放浪して大地のインスピレーションを受けることを指します。"Time to go walkabout, Missus Boss."（旅に出なきゃ、ミセス・ボス。）とナラがサラに言います。

grog: 酒。"Above all the Drover's law. No grog."（俺のルールに従ってもらう、酒は禁止だ。）牛追いの旅に出発する前にドローヴァーが特に酒飲みのフリンに向かって言う台詞です。

kangaroo: カンガルー。サラはダーウィンから牧場へ向かう車の中からカンガルーを見て "Oh, they're kangaroos! Lovely. Beautiful. I've never seen a kangaroo. Beautiful, jumping."（カンガルーよ。かわいい。

すてき。初めて見るわ。かわいい。飛び跳ねている。）とうっとりした声をあげています。

mob: 動物の群れ。人々のグループ。この語は、映画の中で何回も使用されています。例えば "You got to drive this mob home, Drover."（こいつらを家に連れて帰らなきゃいけない。）ナラたちを救出する際にマガリがドローヴァーに言う台詞です。

muck about: ぐずぐずする。"Come on, love. Don't muck about."（速く、ぐずぐずしないで。）は、ダーウィンを離れようとしないサラへの台詞です。

　この他にも、オーストラリア英語特有の語彙が多く用いられています。オーストラリア英語に特徴的な語彙は、一般の英和辞典にも《豪》などの記述があります。確認してみましょう。また、本章の終わりに日本語で書かれたオーストラリア英語の辞書を記しておきましたので参考にしてください。

3.3 文法的特徴

　ドローヴァーは、牧場ファラウェイ・ダウンズに到着したとき、サラに "There she is. Faraway Downs."（さあ、ここだ。ファラウェイ・ダウンズだ。）と言います。ここでは、ファラウェイ・ダウンズという大牧場を、三人称単数女性代名詞 she で指しているのです。

　三人称単数女性代名詞 she を中性代名詞 it のかわりに使うこの用法は、好ましいことや、懐かしいことに使われることが多く、天候を表すこともあります。天候に用いられる例としては、サラのところに訪ねてきた白人男性二人が "Hey, she's a beautiful day, isn't she?"（いい天気ですね。）と言っています。英米などの英語では she's ではなく it's となります。

4 アボリジナル英語

　アボリジニの母と白人の父との間に生まれ、母に育てられたナラは、アボ

リジナル英語を話します。ナラの台詞を取り上げて、アボリジナル英語の特徴を見てみましょう。

(例 4) 00:01:43

My [1]grandfather King George, [2]he [3]take me walkabout, [4]teach me black fella way. [5]Grandfather [6]teach me most important lesson of all. [7]Tell 'em story. [8]That day I down the billabong. [9]King George, he teach me how to [10]catch'em fish using magic song. [11]See, I not black fella. I not white fella, [12]either. [13]Them white fellas call me mix blood. [14]Half-caste. [15]Creamy. [16]I belong no one.
僕のおじいちゃん、キング・ジョージが、僕を大人になる旅に連れて行ってくれる。僕たちのやり方を教えてくれる。おじいちゃんは、一番大事なことを教えてくれる。物語を語ることを。あの日、僕は、川にいた。キング・ジョージが魔法の歌で魚を取る方法を教えてくれた。ほら、僕は黒人(先住民)でない。僕は白人でもない。白人は僕を混血と呼ぶ。ハーフと。クリーミーと。僕は僕一人。

4.1 音声的特徴

アボリジナル英語は、アボリジニの言語とオーストラリア英語の影響を受けています。アボリジニの言語は多数ありますので影響も異なりますが、アボリジナル英語の一般的な特徴として共通している部分もあります。そのなかでナラの台詞に表れている特徴を見てみましょう。

【リズムの特徴】

ナラの話す英語は、全体的なリズム、抑揚が特徴的です。アクセントのある音節とアクセントのない音節の差が小さいことが特徴的です。例えば(例4)の [3] he take me walkabout では、take, me, walk, (a)bout の四か所にアクセントがおかれています。この結果、全体として音節拍リズム(→ p.

148 コラム参照）のような英語になっています。

【th が [d] と発音される】

this などの th で表される有声音 /ð/ が、[d] と発音されることがあります。これは英語の地域方言や世界諸英語のなかによく見られる子音の特徴の一つです。（例 4）[5] の grandfather の th は [d] として発音されているのがよくわかります。（例 4）[1] grandfather や、[12] の either は th が [ð] と発音されていて [d] にはなっていません。th 音が [d] になることはアボリジナル英語でよく見られる特徴ですが、ナラの台詞の中では、あまり多くありません。

【無声音と有声音の区別があいまいになる】

アボリジナル英語の特徴として、語頭以外の子音の無声音（/k/ や /t/ など）と有声音（/g/ や /d/ など）の区別が曖昧になることがあります。例えば、（例 4）[3] の take の最後の /k/ は完全な無声音ではなく、有声化しています。（例 4）[6] の teach の語末 /tʃ/ も有声化しています。

この他、連続した子音（子音結合）の一部が省略（簡略化）される、（例えば first の語末の /st/ が [s] だけになる）などもアボリジナル英語です。この特徴は、『オーストラリア』のなかでは見られません。

4.2 文法的特徴

ナラの台詞（例 4）を中心に、アボリジナル英語の文法的特徴を見ていきましょう。

【三人称単数現在の s がない】

（例 4）[3] take、[4] teach の主語は、三人称単数の my grandfather King George ですが、動詞の語形変化（現在形に用いられる -s）がありません。

【be 動詞の省略】

　(例 4) [11] "See, I not black fella."、[12] "I not white fella, either." などです。be 動詞 am が使われていません。

【二重主語】

　(例 4) の "My grandfather King George, he take me walkabout, teach me black fella way." という文に見られます。主語が一度 My grandfather King George という名詞句で出されたあと、それを受けるかたちで代名詞 he が使われています。

　こうした代名詞の用法は、アボリジナル英語以外の英語（例えば英米の標準英語）でも、会話において用いられることがあります。『オーストラリア』の中では、アボリジナル英語話者の台詞の特徴を表すものとしてよく用いられています。

　例えば、(例 4) [9] "King George, he teach me how to catch 'em fish using magic song." でも同じように、King George という名詞句が先行していますが、それを同じ文の中で代名詞 he で受ける構造が使われています。

【他動詞を表す im や em】

　(例 4) [7] "Tell 'em story." や [10] catch 'em fish の 'em は、動詞が目的語を取るときに、動詞が他動詞であることを示す標識です。目的語が複数名詞なので 'em が用いられています。ここで story は複数である標識 s がついていませんが、複数を表しています。また、fish は単複同形で複数を表しています。

　なお、目的語が単数の場合は、他動詞であることを表す標識として 'im が用いられます。例えば、ナラの母親であるアボリジナルの女性の台詞にこの例があります。"Please, don't. Don't make 'im that policeman take away my boy."（お願いです。警官に息子を連れて行かせないでください。） 当時はアボリジニの子どもを親から引き離す政策が取られていたので、サラが

初めてナラに会った夜、その場にやってきた母親が、ナラが自分の元から引き離されることのないようサラに頼む場面です。make の目的語は that policeman ですが、make が他動詞であることを示す 'im も用いられています。

【指示代名詞的な them の用法】
　三人称代名詞 them は、these、those のような名詞を修飾する語として用いられています。(例 4) [13] Them white fellas は、「白人」という複数名詞を修飾する指示代名詞のような役割を果たしています。

　他動詞を表す 'em と指示代名詞的 them を同時に用いる例としては、ナラの牛を追う旅の夜の台詞 "You gonna sing 'em them cattle tonight?"(今夜牛たちに歌うの?) があります。'em は sing が他動詞であることを示す標識で、them cattle の them は cattle を修飾しています。

【冠詞や前置詞の省略】
　この他、冠詞や前置詞も省略が多いことが特徴的です。例えば(例 4) [16] "I belong no one." は、belong to (〜に属する) の to が省かれています。

　以上ここで挙げた文法的特徴は、アボリジナル英語にいつもかならず表れるわけではありませんが、表れることの多いものです。
　映画『オーストラリア』では、ナラの母親の台詞でもアボリジナル英語が用いられています。この他アボリジニの男性として、ナラの祖父であるキング・ジョージが出てきますが、キング・ジョージはアーネムランド(ノーザンテリトリー北部地方)のアボリジニの言語を話し、英語の台詞はありません。

❺ 映画のみどころ
　『オーストラリア』はイギリスの貴婦人サラがオーストラリアの大自然の

なかで、困難を切り抜け戦火を生き延びて、人生を切り拓いていくという大河ロマンで、見どころがたくさんあります。サラの相手役のドローヴァーと敵役ニール・フレッチャーという二人の男性の造形もその魅力の一つでしょう。ドローヴァーはオーストラリア奥地で牛を追って生き、アボリジニの人々とも交流がある自由な精神の持ち主ですが、一方で、白いタキシード姿でパーティにさっそうと現れてサラの窮地を救ってくれるような、格好よすぎる恋人でもあります。対する敵役のニールは、地主であるイギリス貴族への羨望や嫉妬とアボリジニへの蔑視という負の感情にとらわれていて、謀略をめぐらせる極めて卑小な人間として描かれています。しかし彼の悔しさは理解できる、とも思わせるような憎みきれない人物でもあるのです。ドローヴァーとニールの英語はどちらも、語彙面でも発音面でもオーストラリア英語の特徴がはっきり出ています。ドローヴァーの粗野な口調、オーストラリア特有の語彙や、ニールの鼻音化の効いた憎らしげな話し方が、サラの上品なイギリス英語と対比され際立つ様子を、映画のなかで感じ取ってください。

❻ 映画のなかの英語について考えてみよう

- サラは、皆からどのように呼ばれているでしょうか。Lady Ashley（アシュリー卿夫人）から、Sarah（サラ）に変わっていく過程に注目してみましょう。
- 酒場の主人アイヴァンの、アボリジニのマガリや女性であるサラに対する差別的な態度は、物語が進むにつれてどのように変わっていくでしょうか。台詞を追って確認しましょう。
- サラの牧場で働いている中国系移民の使用人は、どんな英語を話しているでしょうか。

❼ こんな映画も観てみよう

『クロコダイル・ダンディー』（1986）は、大自然のなかで暮らすミック・クロコダイル・ダンディーと呼ばれる鰐獲り男が主人公です。彼の武勇伝を

伝え聞いたニューヨークの新聞記者スーが、ミックを取材にオーストラリアを訪れます。映画の後半では、ミックはスーと一緒にニューヨークに赴き、大都会の喧噪に戸惑いながらも持ち前の陽気な性格で困難を切り抜けていきます。ミックを演じるポール・ホーガンは、オーストラリアの人気コメディアンで、アメリカ人がオーストラリア人に対して抱くステレオタイプ的なイメージを逆手に取って、奥地で暮らす粗野で人なつこいオーストラリア人男性というイメージを誇張して演じてみせています。

　ミックや友人の英語は、特徴のわかりやすいブロード・オーストラリア英語です。スーのニューヨークの英語と対比されています。

　『裸足の1500マイル』(2002) は、西オーストラリアの奥地を舞台に、「盗まれた世代」の子どもたちを扱っています。1931年にアボリジニである母親から引き離され教会の施設に収容された三人姉妹が、施設を脱走し、1,500マイル（2400キロメートル）を徒歩で家まで帰る旅を描いています。実在したアボリジニ保護官A・O・ネヴィルが、冷徹にアボリジニ隔離・同化政策を遂行する様子を描いています。原題の *Rabbit Proof Fence* は「ウサギ除けのフェンス」の意味で、三人は母親のところへ帰るのに、このフェンスを目印に道をたどって行きました。『オーストラリア』でナラの祖父、アボリジニの長老キング・ジョージを演じた俳優デイヴィッド・ガルピリルは、『裸足の1500マイル』では、ネヴィルたちが三人を追跡するのを案内する役を演じています。

　三人の姉妹の台詞は英語ですが、アボリジナル英語の文法的特徴を備えたものではありません。アボリジニのコミュニティを描く冒頭場面はアボリジニの言語の台詞が多く登場します。また、イングランド生まれのネヴィルを演じるケネス・ブラナーはイギリス人俳優で、この映画でもRPを話しています。一方、子どもたちを追うオーストラリアの白人たちは、ブロード・オーストラリア英語を話しています。

［読書案内］

山崎真稔『オーストラリアとニュージーランドの英語』玉川大学出版部、2009年。

佐和田敬司『オーストラリア映画史——映し出された社会・文化・文学』（増補改訂版）オセアニア出版社、2004年。

森本勉編『オーストラリア英語辞典』大修館書店、1994年。

［参考文献］

沢田敬也、坂本都子、武田修一、佐和田敬司編『新オーストラリア・ニュージーランド英語中辞典』オセアニア出版社、2001年。

佐和田敬司「国民映画としての『オーストラリア』」早稲田大学オーストラリア研究所編『オーストラリア研究——多文化社会日本への提言』オセアニア出版社、2009年。

――「俳優ガルピリルとアボリジナルの表象」早稲田大学オーストラリア研究所編『オーストラリアのマイノリティ研究』オセアニア出版社、2005年。

●ニュージーランド英語が聴ける映画

　ニュージーランドは、英語、マオリ語、ニュージーランド手話を公用語とする英連邦の国です。全人口約 400 万人の約 1 割がマオリ族で、その中の 3 分の 1 はマオリ語を日常的に使っています。

　『クジラの島の少女』(2002) は、ニュージーランド北島の北東部に位置するマオリ族の村、ワンガラ (Whangara) を舞台にしています。マオリ族首長の孫娘が、男子にしか担えないマオリの伝統継承と、自分のアイデンティティについて、試行錯誤しながら新たな道を切り開いていく物語です。

　映画の大部分は英語が使われていますが、マオリ語も出てきます。ニュージーランド英語は、オーストラリア英語に似ているのですが、異なる点として、/e/ が /ɪ/ に近くなる、/æ/ が /e/ に近くなるというように、前舌母音が狭くなる傾向があります。映画のなかでもこの傾向は顕著で、たとえば back はバックよりベックに、deaf はデフよりディフのように聴こえています。また /r/ が /w/ のように聴こえるのも特徴的です。

　『乙女の祈り』(1994) は、ニュージーランド南島のクライストチャーチで 1954 年に起きた女子高生による殺人事件をモデルにした映画です。主人公でニュージーランド育ちのポーリーンや彼女の家族のニュージーランド英語の特徴（前述のような母音、子音の特徴）を、イギリスから来たジュリエットや家族の RP と対比させて聴くことができます。

　『ピアノ・レッスン』(1993) は、19 世紀のニュージーランドが舞台で、ここで使われているのは、スコットランド系移民たちのスコットランド英語です。映画にはマオリ族がマオリ語で話す場面もあります。

[読書案内]

山崎真稔『オーストラリアとニュージーランドの英語』玉川大学出版部、2009 年。

エリザベス・ゴードン、トニー・デヴァソン『ニュージーランドのことば―― NZ 英語完全解剖』沢田敬也、小原純子訳、オセアニア出版社、1998 年。

Chapter 6 南アフリカの英語『第9地区』

南アフリカ共和国の英語の概要

　南アフリカ共和国（以下、南アフリカ）は、アフリカ大陸最南端に位置する人口約5,000万人の多民族・多言語国家である。現在の人種別人口比率は黒人79％、白人9.6％、カラード8.9％、インド系2.5％である。（カラードは白人とアフリカ系の間に生まれた子供やその子孫を指し、統計上現在も使用されている語）。憲法では11の公用語を定めている。ヨーロッパ系言語である英語とアフリカーンス語（オランダ語がアフリカ諸語、マレー語、ポルトガル語の影響を受けてできた言語）、およびアフリカ系9言語、つまり、ングニ語群のズールー語、コサ語、スワティ語、ンデベレ語、ソト語群のペディ語（北ソト語）、ソト語、ツワナ語、それから、ツォンガ語、ベンダ語である。

　英語は11言語ある国の公用語の一つである。英語母語話者は全人口の約8％に過ぎず、特に黒人居住区や農村部には非英語話者も多いが、全国的に英語は公用語・共通語として行政、司法、教育、ビジネスなどの場面でも広く用いられる。新聞、テレビなどのメディアも英語が中心で、大統領のスピーチや議会での議論も基本的には英語で行われる。出版されている書物も大半が英語である。初等教育は地域によって異なるが、特に都市部では英語を用いて授業を行う学校が多い。

　歴史的には、黒人／アフリカ系の住んでいたアフリカ南部に17世紀半ばからオランダ人が入植した。その後入植を開始したイギリス人が、19世紀初頭にケープ植民地を占領したのが南アフリカにおける最初の英語話者コミュニティとなった。1910年にイギリス帝国内自治領として南アフリカ連邦が成立する。第二次世界大戦後はアフリカーナー系（オランダ人入植者の子孫）の政権が成立し、有色人種に対する差別政策（アパルトヘイト政策）がとられた。アパルトヘイトはアフリカーンス語で

隔離を意味する。人種差別政策に対するイギリスの非難により、対立して英連邦を離れ、南アフリカ共和国となったのは1961年である。しかし1994年にこの政策は完全撤廃されて人種間平等が実現し、それに呼応して英語とアフリカーンス語のみであった公用語にアフリカ系の9言語が加わった。

人口の8割近くを占める黒人／アフリカ系人口の主要言語はアフリカ系9言語で、特にズールー語は共通語的な役割を果たすことが多い。英語の母語話者はこのなかの1％に過ぎないが徐々に増えつつある。黒人／アフリカ系コミュニティにとって英語は、アフリカーンス語に対抗するために選択した共通語でもあった。アパルトヘイト体制下では、アフリカーンス語は白人支配層の言語であり、公教育での使用も強制され、黒人／アフリカ系コミュニティの抑圧の手段、象徴だったからである。一方で、南アフリカ社会全体で英語の影響力が大きくなるに従って、英語力の格差が社会的格差に結びつく度合いが強くなっている。

白人人口はオランダ系（約6割）とイギリス系（約4割）に大別できる。オランダ系はアフリカーナーと呼ばれ、彼らの母語はアフリカーンス語であるが、第二言語として高い英語力を有する人も多い。彼らの英語はアフリカーンス語の影響を強く受けており、アフリカーンス英語と呼ばれる。イギリス系は英語母語話者で、南アフリカ英語の特徴を考えるときに従来記述されてきたのは彼らの英語である。そのなかには、RPに近い発音から、南アフリカ独自の特徴が強く出た発音までの多様性がある。南アフリカ独自の特徴が強く出た発音は、オランダ系話者のアフリカーンス英語とよく似ている。

カラード人口は、主にアフリカーンス語を使用するが、都市部では英語も用いる。彼らの英語もアフリカーンス語の影響を受けており、オランダ系白人のアフリカーンス英語と似ている。

インド系／アジア系は、主にイギリスの

黒人／アフリカ系	79%
白人	9.6%
カラード	8.9%
インド系／アジア系	2.5%

植民地であったインドから19世紀に移住してきた移民の子孫で、現在人口の2.5％を占める。主要言語は英語で、インド系言語も使用する。

発音

　白人英語母語話者で南アフリカ独自の特徴が強く出ている発音を中心に記す。歴史的に威信があった RP（→ p. 14 参照）に近いものから、南アフリカ独自の特徴が強い発音まで幅がある。

　母音で特徴的なのは kit の母音が後続子音によって変わることである。pin などの /ɪ/ が [ə] となり、ピンではなくパンのように聴こえる。ただし後続子音が /k/, /g/, /h/ のときは [ɪ] である。pig はパグとはならない。trap などの母音は [æ] よりも狭くなり、[e] エのように聞こえるのも特徴的である。二重母音は say so の二種類の二重母音は、[seɪ sou] セイソウのように RP のように注意深く発音されることもあれば、南アフリカ英語の特徴を強く示す [sʌɪ sʌː] サイサーのように発音されることもある。price の二重母音は [aː] アーと単母音化することもあれば、オイに近く聴こえるときもある。mouth の二重母音も [æʊ] としてアウよりもエウに近くなることもあれば、単母音 [aː] アーとなることもある。

　子音で特徴的なのは /r/ の音である。日本語の語頭のラ行のようなはじき音になったり、ドイツ語やフランス語の r のように何回か震えを繰り返す音になったりする。母音のあとの r は、英語母語話者は発音しないが、アフリカーンス語の影響を強く受けた英語では発音する。hair などの語頭の /h/ が有声で息の強い音として発音されるのも特徴的である。chaos や react などの母音の間に、有声で息の強い [ɦ] が挿入されることもある。なお、アフリカーンス語の影響を受けた英語では語頭の [h] が発音されないことや、[j]（ヤ行の子音）として発音されることがある。

文法

　応答疑問文として、相手の使った主語動詞に関わらず"Is it?"を使う

ことが特徴的である。"I live in Japan."（日本に住んでいます）という文に対して、「そうですか」と応答するのに"Do you?"と言わずに"Is it?"と答える。通常省略できない動詞の後の目的語を省略することが可能である。例えばA: I asked for the car. B: And did you get? など。英米の標準英語では、And did you get one? となるところである。また、前置詞の使い方が特徴的なものがある。例えば、on the moment （= at the moment、目下）などである。助動詞 must は「〜しなければならない」の意味が弱く、shall の意味で"Must I make you some tea?"（お茶をいれましょうか？）のように使うことがある。

語彙

アフリカーンス語やアフリカ系諸言語からの借入語が多い。なかには trek（ゆっくり旅行する、歩いて行く）のように南アフリカ以外でも広く使われるようになった単語もある。南アフリカ英語の辞書として *A Dictionary of South African English on Historical Principles* がある。

アフリカ諸言語話者の英語

黒人／アフリカ系言語母語話者が話す英語は、それぞれの母語の影響を受けているが、共通する発音特徴として、母音の区別が少なく、/i/, /ɛ/, /a/, /ɔ/, /u/（イ、エ、ア、オ、ウ）の五種類が音素として用いられる傾向が挙げられる。また、音節の初めや終わりに子音が連続した場合に省略されて一つになることが多いのも母語（特にバンツー系）の影響とされる。たとえば eats の t が発音されないなどである。また、音節拍リズムを持つ母語の影響から、英語も音節拍を持つ。単語の強勢位置が後ろから二番目の母音に変わることがある。

文法的特徴として、話題語を文頭に移動して強調し、後でもう一度代名詞で受けるという構文が挙げられる。"Today's children, they are so easy."（今日の子供たちは怠けものだ。）などである。この構文はアフリ

> カ諸言語話者の英語においての方が、白人英語話者においてよりも多いという調査結果もある。

1 映画『第9地区』(*District 9*)

【あらすじ】
　1982年南アフリカ共和国のヨハネスブルグ上空に巨大な宇宙船が突然現われ、故障で動かなくなります。船中で発見されたエイリアンたち（容貌が海老と似ているため「エビ」と呼ばれる）は地上に降ろされ、難民としてヨハネスブルグの第9地区で暮らすようになります。そして28年が経ち、第9地区はスラム化し、治安の悪化に市民の怒りは爆発寸前になります。そこで解決策を政府に依頼された多国籍企業MNU（Multi National United）は彼らを遠く郊外に作られた第10地区に移住させる計画を立て、その計画の責任者となったヴィカスを筆頭に職員たちがエイリアンの立ち退き要請にあたります。しかしその最中に彼はあるエイリアンの家で謎の液体を浴びてしまいます。やがて彼の体はエイリアンに変化し始め、それに気づいたMNUは彼を実験体として、エイリアンのDNAにだけ反応し使用できる武器の仕組みを解明しようとします。その過酷な実験から逃げ出したヴィカスは、液体の秘密を握るエイリアン、クリストファー・ジョンソンの元に身を寄せ、彼とともにある計画を立てます。MNUに加え、エイリアンの力を欲するナイジェリア人ギャングのボスが執拗にヴィカスを捕えようとするなか、二人は自分たちの目的を何とか果たそうとしますが…。

【映画について】
- 2009年8月に全米で公開され、キャストがほとんど無名で、南アフリカ出身の新人監督による、南アフリカが舞台のSFであるにも関わらず、公開後の最初の週末に興行収入第一位となりました。独立系SF映画として多数の賞を受賞し、アカデミー賞にもノミネートされました。
- 2010年には日本で公開され、VFXを駆使したダイナミックな映像とド

キュメンタリー的手法による臨場感、そして痛烈な社会風刺が話題になりました。

● 作品は南アフリカのかつてのアパルトヘイト体制を風刺しています。第9地区からエイリアンを立ち退かせるエピソードは、1970年代にケープタウンで「白人専用」となった第6地区から非白人が住居の明け渡しを強制された事件に由来しています。また、「エビ」を差別し隔離する標識「人間専用（Human Only）」は、かつてのアパルトヘイト社会で非白人を公然と差別し隔離した標識「白人専用（White Only）」を彷彿とさせます。

● 近年南アフリカではジンバブエ難民やナイジェリア非合法組織の流入によって、住民による外国人排斥の動きが高まっています。その風潮への風刺が、住民が「エイリアン」（英語の alien は「異星人」と「外国人」の両方を意味する）に向ける敵意の描き方に表現されています。その意味ではエイリアンへの差別が「当たり前」とされる社会において、主人公ヴィカスが「エビ」扱いされることで初めて彼らの気持ちを理解するようになる過程は映画の要と言えるでしょう。一方で、作品に登場するナイジェリア人のギャング（そのボスの名前「オビサンジョ」はナイジェリアの元大統領の名前に酷似）の偏見に満ちた描写が批判を浴び、ナイジェリアではこの映画の公開は禁止されました。

【登場人物の英語の特徴】

● **ヴィカス・ファン・デ・メルヴェ。** MNU エイリアン対策課職員で移住計画の現場責任者。オランダを起源とするアフリカーナー系白人。彼の話す英語には南アフリカ英語の特徴が色濃く出ています。彼の姓ファン・デ・メルヴェ（Van de Merwe）は一般的なアフリカーナーの姓で、南アフリカ民話に登場する白人の田舎者ファン・ダ・メルヴェ（Van der Merwe）とほとんど同じ名前でもあります。英国系白人がアフリカーナー系の垢抜けない白人を「ファン・ダ・メルヴェ」と呼んで馬鹿にすることもあり、実際、ヴィカスの小役人的視野の狭さは、まさにこの「白人の田舎者」を彷彿とさせます。

- **ピエト・スミット**。ヴィカスの義理の父親で非情な上司。アフリカーナー系白人で、アフリカーンス語の影響が見られる発音で英語を話します。
- **タニア・ファン・デ・メルヴェ**。ピエトの娘でヴィカスの妻。RP（→ p. 14 参照）に近い英語を話します。
- **クーバス大佐**。MNU 傭兵部隊を率いる軍人。アフリカーナー系の白人。ヴィカスに比べると英語にアフリカーンス語的な発音の特徴は顕著ではありません。
- **フンディスワ・ムランガ**。MNU 職員でヴィカスの助手。コサ系の南アフリカ人です。彼の英語は黒人／アフリカ系の人が話す南アフリカ英語の特徴をほとんど示していません。
- **トーマス**。MNU 警備員。フンディスワよりも黒人／アフリカ系の人が話す南アフリカ英語の特徴が見られる英語を話します。
- **オビサンジョ**。第 9 地区に住むナイジェリア人ギャングのボス。黒人／アフリカ系の人が話す南アフリカ英語に近い英語を話します。

❷ 『第 9 地区』で話されるいろいろな英語

　この映画ではニュースやドキュメンタリー風の映像が挿入されることで、SF という「非現実的な世界」と、それをリアルに報道する「現実の世界」の境目がぼやけ、観客は SF の世界を痛いほどリアルに感じると同時に、報道の虚構性をも感じ取ることができるというひねった作りになっています。特に冒頭の場面では、エイリアンの到来やヴィカスをめぐる事件がドキュメンタリー風に説明され、「当時の関係者」の証言、社会学者やジャーナリストの解説、住民によるエイリアン襲撃のニュース映像、そしてヨハネスブルグ市民が街頭でエイリアンについて語る場面などが続きます。特に「市民が街頭でエイリアン（異星人）への鬱積した不満を語る」場面は、まるで実際の市民がジンバブエ難民などのエイリアン（外国人）について語ったインタビュー映像を使ったようにも見え、生々しい印象を与えます（実際この作品の元になった同監督による SF 短編映画 "Alive in Jo'burg" (2005) では、

実在のヨハネスブルグ市民が難民について語る映像がそのまま「市民が異星人について語る場面」として使用されました)。

こういった場面に登場する「学識者」や「ジャーナリスト」のほとんどは白人でしかも RP に近い、あるいは「分かりやすい」英語を話しています。それとは対照的に街頭インタビューに答える「市民」は、アフリカーンス語母語話者や南アフリカのアフリカ系言語母語話者が、それぞれの母語、あるいはその母語の影響を強く受けた英語を話し、その場面には英語字幕すらつけられています。この前者と後者のやや極端な言語上の住み分けは現実の南アフリカ社会を正確に反映しているとは言えませんが、この場面こそが南アフリカで話される英語および言語の多様性を多少なりとも映し出しているのです。

まず、このインタビュー場面で気づかされるのは南アフリカにおける英語の発音の多様性です。日本人には聞き慣れない発音もあります。アフリカーンス語母語話者の白人男性が「エビ」への敵意を語る台詞を聴いてみましょう。

(例1) 00:04:47
A virus. Try a selective virus.
ウイルスだ。奴らにだけ効くウイルスを撒けばいいんだ。

英米の標準英語では virus は [vɑɪrəs] と発音されますが、この男性は [virus] と発音しており、a、e、i、o、u をほぼそのまま発音するアフリカーンス語の特徴が強く現われています。また、r の音が強く震えるのもアフリカーンス語母語話者の英語の特徴です。全体的に日本人にはとても聴き取りづらい発音です。他に街頭で話すアフリカ系住民の英語も、聴き取りづらいだけでなく、それぞれがかなり異なる発音で話しています。そこには地域性、母語との関係、受けた教育水準など他の様々な要因が関わっています。(ちなみにエイリアンの言語は映画の登場人物は何の問題もなく理解しています

が、実際には全く理解不能な音を発しており観客用には英語字幕がついています。「字幕が必要な言語を話す」人物のなかでは、エイリアンは観客にとって言語的にも最も遠い存在と言えるでしょう。)

この「市民」の発音に比べると、ヴィカスをはじめとしたMNU職員たちの英語は南アフリカ英語ではありますが、英語母語話者、アフリカーンス語母語話者、アフリカ系言語母語話者も「分かりやすい」発音の英語で話します。興味深いのは、ヴィカスが冒頭部分でMNUの広報用カメラに向かって、強制移住計画について公的な立場で話す際の英語は比較的ニュートラルなのに対して、第9地区で事件に巻き込まれるにつれ、南アフリカ特有の発音や語彙（罵り言葉がほとんどですが）が増えていくことです。そのような彼の本音が出る極限状況で、彼は自分が指揮する移住計画の残酷さとエイリアンの人間性に気づいていくのです。

3 英語母語話者とアフリカーンス母語話者が話す南アフリカ英語
3.1 音声的特徴

南アフリカ英語は「RPに近い英語」から「一般的な南アフリカ英語」そして「ブロード・南アフリカ英語」になるに従って、オランダ語に近いアフリカーンス語などの影響を受けた南アフリカ特有の発音が増えていきます。多言語社会ですから、アフリカーンス語や他の言語とのバイリンガル、トリリンガルの場合もあり、家庭環境や地域性やその人が受けた教育水準も関連するので、「RPに近い英語」を話すのが必ずしも英語母語話者とは限りません。ゆえに、ヴィカスの妻タニアがアフリカーナー系でしかもRPに近い話し方をするという設定も不自然ではありません。一方でヴィカスの英語は、母音を発音する際にRPよりも唇を丸めないことも含めて、南アフリカ英語の特徴をいくつか有しています。彼が移住計画の説明をしている（例2）と、第9地区でエイリアンが描いた絵の意味を説明している（例3）、そして英国ラジオ局特派員G.ブラッドナムによる解説（例4）でその特徴を見てみましょう。

（例2） 00:06:10
This is the largest [1]operation that MNU has ever [2]undertaken and we believe that it is going to be undertaken successfully.……The people of Johannesburg and of South Africa are going to [3]live happily and safely knowing that prawn is very far [4]away.
これは MNU が過去に行ったなかで最も大きな作戦です。そして私たちは作戦が成功すると信じています。……ヨハネスブルグと南アフリカの人々は、あの「エビ」が遠くにいるのが分かれば幸せに安心して暮らすでしょう。

（例3） 00:18:51
This is [1]basically a guy and there's three [2]humans [3]here.
要するに、これはエイリアンで、ここにいるのが3人の人間だ。

（例4） 00:01:22
To everyone's surprise, the ship didn't come to a stop over [1]Manhattan or Washington or Chicago ....
みんなが驚いたことに、宇宙船はマンハッタン、ワシントン、あるいはシカゴの上空では停止しなかったのだ…。

【母音の変化】
　（例2）の [3] live において母音 /ɪ/ がイではなく、口をあまり開かない曖昧母音 [ə] として発音されています。MNU の男性職員がヴィカスについて"I don't think he can be forgiven for what he did."（彼がやったことついては許されるとは思わない。）と言うときの did の母音も同様です。しかし、これはすべての /ɪ/ に起こるわけではありません。他にこの映画に見られる南アフリカ的な母音の変化では、allocated、fact、manner の最初の母音でエとアの間にある音に近い /æ/ が [e] で発音されたり、MNU の女性職員がヴィ

カスについて"None of us had any idea of what he was doing."（誰も彼のやっていることを理解していなかった。）と言うときの any の最初の母音が /e/ でなく /ɪ/ に近い音で発音されるなど母音が「狭くなる」傾向が挙げられます。

【二重母音の変化】

英米の標準英語では cake の母音は [eɪ] と発音されますが、若い世代が発音する場合、エとアの中間の母音 /æ/ を含んだ [æɪ] と発音する場合があり、さらにブロード・南アフリカ英語では [ʌɪ] と発音することもあります。ヴィカスの発音にもその傾向があり、エイをアイと発音するオーストラリアやロンドンのコックニーの英語のように聴こえます。（例 2）の [2] undert<u>a</u>ken の /teɪ/ や [4] <u>a</u>way の /weɪ/、そして（例 3）の [1] b<u>a</u>sically の /beɪ/ の部分でアイに近い母音を聴くことができます。また、自宅でのパーティで彼がケーキを切るときの台詞 "Okay, let's cut some cake."（さあ、ケーキを切ろう。）の Okay、cake でこの母音がはっきり聴こえます。

この映画で見られる他の南アフリカ的な二重母音の変化としては、/əʊ/ の発音が時折 [ʌː] に近い音に発音されることが挙げられます。また、/aʊ/ が [eʊ] に近く、/aɪ/ が [ɒɪ] に近い音で発音されることもあるようです。

【r が震え声で発音される】

母音のあとの /r/ が震える傾向にあります。（例 1）の男性の virus の r の音がその顕著な例ですが、（例 2）の [1] ヴィカスの operation にもその音を聴くことができます。その直前に上司で義理の父ピエトが operation と言うときも r が震えています。

【[jaː] [hjaː] と発音される yeah と here】

英米の標準英語では yeah はイエアに近い [jeə] で発音されますが、ヴィカスはよくヤーと聴こえる [jaː] で発音します。アフリカーンス語の Ja (yes)

の発音の影響です。同様に彼が here [hiər] と言う時もアフリカーンス語の hier（here）と同じヒアーに聴こえる [hja:] になるのを（例3）の [3] here で聴くことができます。クーバス大佐の here にも同じ傾向が見られます。

[/h/ の有声化と省略]

　G・ブラッドナムの（例4）の [1] Manhattan では /h/ は有声で息の強い音で発音されており、これは南アフリカで聴かれる一般的な傾向と言われています。一方で、ヴィカスの台詞にはこの特徴は見られず、逆に /h/ の音の省略が頻繁に見られます。例えば（例3）の [2] humans では /h/ の音はほとんど聴こえません。このような語頭の /h/ の省略（ただしヴィカスの場合は behalf や behind の /h/ も省略しています）は南アフリカ英語の代表的な特色ではありませんが、一部の南アフリカ英語には見られる特徴です。

3.2 語彙的特徴

　『第9地区』では、暴力的な場面が多いため、南アフリカ独特の罵り言葉が多く登場する一方で、日常生活に用いられる南アフリカ特有の語彙である robot（信号）や braai（バーベキュー）などは全く見当たりません。それでも南アフリカ社会を理解するのに欠かせない特徴的な語彙がいくつか見られます。下記の語彙の多くはアフリカーンス語やアフリカの諸言語から派生した語彙であり、民族に関係なく理解され（その使用頻度は民族によって異なりますが）ています。

click:「クリック音（舌打ち音、吸着音とも言う）」。クリック音は南部アフリカの複数のアフリカ系言語に存在し、南アフリカではコイサン語族やコイサン人の言語の影響を受けたングニ語群のコサ語やズールー語などに見られます。特定の子音を発音するときに舌打ちして発生させる音で、通常は子音ごとに異なるクリック音があります。映画では、エイリアンに変化するヴィカスの体を元に戻すには3年かかるというク

リストファーの言葉に衝撃を受けたヴィカスが"Sorry, wait. Just go slowly with the clicks there."（何だって？待てよ。ちょっとそのクリック音のとこをゆっくり言ってくれよ。）と聞き直す場面があります。ここでヴィカスは、クリストファーのためらいがちな言葉の聴きづらさをクリック音によるものとして表現しています。しかし、実際にはエイリアンの言語は、2節「『第9地区』で話されるいろいろな英語」で指摘したように、発する音すべてが人の言語とかけ離れており、クリック音がその特徴というわけではありません。つまり、ここでは「クリック音」という言葉を使うことで、エイリアンの言語の聞きづらさや異質さが、ヴィカスのような非アフリカ系言語話者にとってのアフリカ系言語の異質さに重ねられているのです。ちなみにこの映画でも実際にクリック音を持つ南部アフリカのアフリカ系言語を聴くことができますが、その言語は意外な人物が話しています。ヴィカスがナイジェリア人のギャングから武器を買おうとした際に、それまで英語で友好的に話していたギャングが突然怖い顔でヴィカスに銃を突きつけ「アフリカの言葉」（英語字幕なし）で威嚇する場面があり、そこでクリック音が聞こえるのです。ナイジェリアの言語にはクリック音は存在しませんから、この「ナイジェリア人のギャング」（実際にはナイジェリア人ではなく南部アフリカの俳優が演じている）が、実は南部アフリカの言語を話していることが分かります。

Howzit!:「こんにちは」。"How is it?"から由来していますが、意味は"Hello."と同じなので"Howzit!"と挨拶されたら"Howzit!"と返します。よく使われる表現ですが、映画で使われるのは、ヴィカスがナイジェリア人のギャングから武器を買おうとして"Hello."と挨拶した際に、ギャングの一人が"Hello! Howzit!"と返す場面においてだけです。

kak:（侮）「糞」。アフリカーンス語から。英語の shit と同じように使います。ヴィカスがエイリアンの家の実験室を見て"What is this kak!"（何だこりゃ。）と言う台詞で使われています。

location:「場所」あるいは「非白人指定居住区」。エイリアンを再移住させる「場所」の意味でヴィカスが使っています。"It is to move 1.8 million prawns from their present home in District 9 to a safer and better location."（180万人の「エビ」を現在彼らが住む第9地区からより安全でよい場所に移動させることが目的です。）他地域での用法と変わらないように思えますが、location はアパルトヘイト時代に都市部の白人居住地区から隔離された非白人指定居住地区（現在ではタウンシップと呼ばれる）を指した言葉であり、差別や隔離を彷彿とさせる南アフリカ独特の意味を付帯した言葉でもあるのです。

muti:「（南アフリカのングニ系アフリカ人の）伝統医療に用いられる薬」。ズールー語から。映画では、この言葉はアフリカに対してひどく誤解を招く形で紹介されています。muti は、ナイジェリア人ギャングのボスがエイリアンのDNAに対応した武器を扱えるように、「伝統医術者」に勧められてエイリアンの死体の肉を食らう、つまり食人の場面で用いられています。これではまるで「伝統薬を飲む行為」が「食人」と同義であるかのような印象を与えます。

mzungu:「白人（非白人が白人を指してやや侮蔑的に呼ぶ語）」。スワヒリ語から。英語字幕では mizungo ですが、正確には mzungu です。muzungu という形もあります。南アフリカでは mlungu が一般的ですが、mzungu はアフリカ東部から南部まで広く使用され、白人を指すアフリカの言葉としては知名度が高いため使用されたのかもしれません。この言葉はナイジェリア人ギャングのボスがヴィカスを "You fucking mzungu, I'm coming for you!"（この白人野郎め、追いつめて捕まえてやるぞ！）と罵る場面で登場しますが、ナイジェリアでは白人を m(u)zungu とは言いません。ちなみに日本人も南部アフリカでは mlungu あるいは m(u)zungu と呼ばれることがあります。

One Settler, One Bullet:「一人の入植者に一発の弾丸を」。これはアパルトヘイト時代に、反アパルトヘイトの急進的な組織「パン・アフリカニ

スト会議」(Pan-Africanist Congress of Azania) の軍事部門アザニア人民解放軍が掲げたスローガン。アパルトヘイト政策を推し進めた政府への憎しみが生んだ「政府に荷担しうる白人は皆殺し」という言葉です。映画ではクーバス大佐がエイリアンのクリストファーに銃を突きつけて、この言葉をもじって"One prawn, one bullet!"(エビは皆殺しだ！)と叫びます。

township:「白人の都市の郊外に隔離された非白人指定居住区」。アパルトヘイト時代に作られましたが、アパルトヘイト終焉後も、多くの非白人が住む地区として残っており、映画ではニュースにエイリアンの「指定居住区」としてこの言葉が登場します。"Residents in Tembisa rioted for the third consecutive night in an attempt to remove all the aliens from their township."(テンビサの住人は異星人たちをそのタウンシップから追い出そうと3日間連続で暴動を起こしています。)

南アフリカ英語特有の語彙は他の南部アフリカ諸国でも使われることがあり、このような語彙には一般の英和辞典で「南ア」などの記述がついています。確認してみましょう。

3.3 文法的特徴
【should や shall の意味で用いる must】

映画の冒頭でヴィカスがカメラマンに向かって"Must I look in there?"(そこ(のレンズ)を見たほうがいい？) と言う場面があります。この must は should や shall に近い意味で使われています。この用法は、黒人／アフリカ系の人が話す南アフリカ英語の例では、「エビ」について話す街頭の少年の言葉 "I think they must fix their ship and they must go." (彼らには宇宙船を直して出て行ってもらいたい。) にも見られます。英語圏の『地球の歩き方』と呼ばれる Lonely Planet 社の 2000 年版南アフリカ旅行ガイドには、この must に関してこのような説明があります。「命令されているよう

に感じるかもしれませんが、南アフリカでは must は中立的な言葉なので、You must~ と言われたらカジュアルに Please ~ と言われている位に考えて下さい」。

【相手の同意を促す hey】
　付加疑問の isn't it? のように文末で用いられ、ヴィカスも頻繁に用います。（ただしヴィカスの台詞では /h/ が頻繁に省略されるため、英語字幕では "eh" になっています。）例えば、第9地区で食べ物を買うとき "That's cat food, hey?"（それはキャットフードだろ？）と訊いています。

【指示詞と名詞の不一致】
　アフリカーンス語の影響を受けた南アフリカ英語では "this bags" や "that birds" など、単数形の指示詞に複数形の名詞が続く単複不一致の特徴があります。ヴィカスが職員とともにエイリアンの家の扉を叩いて言う "This is MNU agents. Open the door, please!"（MNUの者です。ドアを開けてください。）などにそれが見られます。
　この特徴と関連して、ヴィカスの台詞では、さらに（例3）の there's three humans のように、There is / are ~. の文章で、単数の be 動詞に複数形の名詞が続くという単複不一致がいくつか見られます。

❹ 黒人／アフリカ系南アフリカ英語
　南アフリカの人口の約80％を占め、多民族で構成される黒人／アフリカ系住民の英語の特徴を、黒人／アフリカ系住民の登場場面が少ないこの映画の例だけですべてを説明することはできません。また、黒人／アフリカ系の人の話す南アフリカ英語自体が話者の生活圏や受けた教育水準や母語との関係によって多様化していることも忘れてはならないでしょう。そういったことを踏まえた上で、映画に見られるこの英語の音声的特徴、文法的特徴を見る必要があります。エイリアンについて街頭インタビューに答える「住民」

の言葉（例 5）、（例 6）、（例 7）や、トーマスが装甲車の中で気分が悪いヴィカスにかける言葉（例 8）からその発音や文法上の特徴を見てみましょう。

4.1 音声的特徴

（例 5）　00:04:52

They [1]must just go. I don't know where they [2]go, but they must just go.
とにかく出てって欲しい。どこに行くかは分からないけどとにかく出てって欲しい。

（例 6）　00:04:55

If they were from another [1]country, we might [2]understand. But they are not even from this planet [3]at all.
彼らが他の国から来たのならまだ分かる。でも彼らはこの星の者ですらないんだ。

[/ə/ や /ʌ/ が [a]、/æ/ が [e] と発音される母音の単純化]

　（例 5）と（例 6）はエイリアンについて街頭インタビューに答える「住民」の言葉です。英米の標準英語では must や just は口をあまり開かない曖昧母音 /ə/ で発音されることが多いですが、（例 5）の [1] では口を大きく開けるアである [a] で発音されています。一方で、（例 6）の [2] understand の /ʌndəstænd/ において、エとアの間にある音に近い /æ/ は [e] で発音され、（例 6）の [3] at における /æ/（あるいは /ə/）も [e] と発音されています。これは南アフリカのングニ語群言語の母音の数が英語よりも少ないため、英語の母音が母語の母音で代用されるために起こります。たとえば、strut の /ʌ/、bath の /æ/ あるいは /ɑː/、palm の /ɑː/ の母音は [a] の音で発音され、trap の /æ/、nurse の /ɜː/ などの母音は [e] の音で発音されると言われています。

【二重母音が単母音化する】
　（例 7）　00:05:02
　The [1]aliens——prawns——they [2]take my wife away.
　あの異星人たち、エビ、あいつらは妻を連れ去ったんだ。

　エイリアンについて話す「住民」の言葉である（例 7）[1] の alien の /eɪ/ が [e] となるのが良い例です。（例 5）[2] では、RP ではゴウに似た /gəʊ/ で発音される go がゴーに似た [gɔ:] となっています。また、face を [fes] と発音する場合もあります。

【短母音と長母音の区別がなくなる】
　（例 8）　00:30:29
　Are you [1]feeling better? ... How are you feeling?
　気分は良くなりました？気分はどうですか？

　トーマスが装甲車の中で気分が悪いヴィカスにかける言葉である（例 8）の [1] で、feeling の /fi:lɪŋ/ が [fɪlɪŋ] と発音されるのが分かりやすい例です。

【r を弾くように発音する】
　（例 6）の [1] country の r の発音が良い例です。この特徴はこの映画では他の黒人／アフリカ系俳優の英語にはほとんど見られませんが、映画『インビクタス——負けざる者たち』(2009) で南アフリカのマンデラ大統領を演じたアフリカ系アメリカ人俳優モーガン・フリーマンが、この r を意識して弾くように発音しています。

【単語によっては強勢が後ろに移動する】
　英米の標準英語では alien は /ˈeɪliən/ と最初に強勢が来ますが、（例 7）の [1] では /ˈlɪən/ と最後から 2 番目の音節の母音 /ɪ/ に強勢が来ます。この強勢

の後ろへの移動は、母語であるアフリカ系言語の強勢規則の影響によるものです。よくある例としては、determine で最後の /ɪ/ や、realize で最後の /aɪ/ の部分に強勢が来る特徴があります。

4.2 文法的特徴

【二重主語】

（例7）で、主語が一度 "The aliens" として示された（そして prawns として言い換えられた）後、それを受けた形で代名詞 they が主語として使われています。最初の主語を強調するこのような話し方は英米でもありますが、黒人／アフリカ系南アフリカ英語では頻繁に見られる特徴です。

【過去形の文章の動詞が現在形】

（例7）の [2] の take my wife away にそれが見られます。ただし、このような特徴は教育を受けた層ではあまり見られません。

5 映画のみどころ

英米の俳優たちが南アフリカ人を演じるときと比べて、『第9地区』の南アフリカ人俳優たちが「言語学の専門書通りの南アフリカ英語」を多く話すとはかぎりません。なぜなら、英米の俳優たちは発音指導を受けて意識して「南アフリカ人」らしく話そうとしますが、『第9地区』の俳優たちは、「役柄」らしく話そうとしても、無理して「南アフリカ人」らしく話す必要はないからです。むしろ俳優だからこそ（あるいは世界での配給を前提にした映画だからこそ）、特に主な俳優たちは南アフリカ英語の特色を抑えた英語で話しています。一方で南アフリカ英語の特徴を多く備えたヴィカスの発音には、/h/ を発音しないなど典型的な南アフリカ英語とは言いがたい特徴もあります。それでも地元の人たちの耳には彼の発音は（英語やアフリカーンス語の母語話者が彼のように話すとは限らないにも関わらず）南アフリカで生まれ育った人の英語の発音に聴こえるのです。そこに生きた言語のおもしろさが

あります。

6 映画のなかの英語について考えてみよう
- クーバス大佐と彼の部隊は、戦闘中は軍事用語を頻繁に使っています。専門用語だけでなく、copy など普通の言葉も軍事用語として使われています。何を意味するのでしょうか。
- ナイジェリア人ギャングたちは実は全員南部アフリカ出身の俳優が演じており、彼らが時折話す「ナイジェリアの諸言語」は全て南部アフリカのアフリカ系言語です（その意味ではこの映画はアフリカ諸語への敬意が欠けていますね）。4節「黒人／アフリカ系南アフリカ英語」で指摘した黒人／アフリカ系南アフリカ英語発音の特徴を彼らの英語に探してみましょう。

7 こんな映画も観てみよう

　『サラフィナ！』（1992）は、アパルトヘイト時代のヨハネスブルグのタウンシップであるソウェト地区で起こったソウェト蜂起（1976）（アフリカーンス語学習を強制された黒人高校生たちがデモやボイコットで抵抗し、警察の介入によって多くの死者が出た事件）のなかで懸命に生きる高校生たちを描いたミュージカル映画です。原作の同名ミュージカル（1988）は、南アフリカの監督ボンゲニ・ンゲマが、アパルトヘイト政権下で、地元の若者から役者を選び稽古を重ね、ブロードウェイをはじめ多くの海外公演で、その卓越したパフォーマンスでアパルトヘイトの非情さを訴えたことで話題を呼びました。映画にはアフリカ系アメリカ人女優のウーピー・ゴールドバーグが先生役で登場するので、彼女の主演映画のイメージがありますが、主人公サラフィナ役をはじめ、高校生役の多くを原作に出演した役者たちが演じ、さらに南アフリカの有名な俳優ジョン・カニ、歌手ミリアム・マケバ、そして監督自身が出演して脇を固めています。黒人／アフリカ系南アフリカ英語をリズム感溢れる歌とともに聴くことができます。

『ツォツィ』（2005）は英国・南アフリカの合作映画でヨハネスブルグのスラム街を舞台に、荒（すさ）んだ生活を送る「ツォツィ」（ソト語で「チンピラ」の意味）と呼ばれる青年が、盗んだ車にいた赤ん坊の世話をすることで人間性を取り戻していく話です。原作は南アフリカの作家アソル・フガードの同名の小説（1980）ですが、時代をアパルトヘイト時代ではなく21世紀に移しています。この映画は第76回アカデミー賞の外国語映画賞を初め多くの賞を受賞しました。「外国語映画賞」の受賞で分かるように、英語圏南アフリカを舞台にしているにも関わらず、この映画では英語はほとんど使われません。主人公たち、そして白人刑事すらも都市部のタウンシップで話される「ツォツィ＝タール」（「チンピラの言葉」を意味し、アフリカーンス語、ズールー語、コサ語、ソト語、ツワナ語などが混ざって作り上げられた混成語。ラジオや音楽でも用いられ、最近は辞書もある）を話します。しかし、登場人物の多くが英語名を持ち「学校で英語も習って」おり、会話にも英語の単語や文章を自然に混ぜることから、彼らが多言語社会で生き、英語も必要に応じて話す英語話者でもあると分かります。また、彼らが多言語話者同士（特に都市部の黒人／アフリカ系では多い人は6言語も話します）だからこそ、異なる言語を混ぜて話せることもうかがい知ることができます（日本人と米国人の日英バイリンガル同士の会話で「It is 懐かしい」と2言語を混ぜても通じるように）。興味深いのは、この映画で主人公の友人アープをツォツィ＝タールで演じるケネス・ンコースィが、『第9地区』ではMNUの警備員トーマス役を英語で自然に演じていることです。そこには俳優自身も多言語を話す南アフリカの言語的多様性を見ることができるでしょう。ちなみに監督はこの映画を撮るにあたって、作品のリアリティのためにはツォツィ＝タールを話す役者が必要でしたが、出資者からは「知名度のある（英米の）俳優」を使って英語で映画を撮ることを期待されたので、説得に苦労したそうです。「アフリカ映画」が世界への配給を前提にして製作される場合、そこで登場人物たちが話す「アフリカ英語」が、作品の舞台となる国の人々の言語的日常を必ずしも忠実に反映しなくても良いと考えられてしまっていることに気

づかされます。

［読書案内］
河崎靖『アフリカーンス語への招待——その文法、語彙、発音について』現代書館、2010年。
峯陽一編著『南アフリカを知るための60章』明石書店、2010年。
梶茂樹、砂野幸稔編著『アフリカのことばと社会——多言語状況を生きるということ』明石書店、2002年。南アフリカ共和国の言語事情については第16章、神谷俊郎「11公用語政策の理想と現実——アパルトヘイト後の南アフリカ共和国言語事情」参照。
地球の歩き方編集室編『地球の歩き方——南アフリカ'10～'11』ダイヤモンド社、2010年。
河原俊昭編著『世界の言語政策——多言語社会と日本』くろしお出版、2002年。南アフリカ共和国の言語政策史と現状については第10章、山本忠行「アフリカーンス語と英語のせめぎ合い——南アフリカ共和国の言語政策史と現状」参照。

［参考文献］
Bowerman, Sean. "White South African English: Morphology and Syntax." *Varieties of English 4: Africa, South and Southeast Asia*. Ed. Rajend Mesthrie. New York: Mouton de Gruyter, 2008.
De Klerk, Vivian. Ed. *Focus on South Africa*. Amsterdam: John Benjamins, 1996.
Fitzpatrick, Mary, et al. *South Africa, Lesotho & Swaziland*. Footscray: Lonely Planet, 2006.
Kachru, Yomuna, and Cecil L. Nelson. *World Englishes in Asian Contexts*. Aberdeen: Hong Kong UP, 2006.
Makalela, Leketi. "Nativization of English among Bantu Language

Speakers in South Africa." *Issues in Applied Linguistics.* 15.2 (2007): 129-147.

Melchers, Gunnel, and Philip Shaw. *World Englishes: An Introduction.* New York, Oxford UP, 2003.

Mesthrie, Rajend. *Language in South Africa.* Cambridge: Cambridge UP, 2002.

Murray, Jon, and Jeff Williams. *South Africa, Lesotho & Swaziland.* Melbourne: Lonely Planet, 2000.

ピジン、クレオール

　共通語を持たない人々が貿易などをするときに伝達手段として使ったのがピジンと呼ばれる混成語です。その特徴は非常に単純化された語彙と文法構造、そして母語として話す人がいないという点にあります。

　ピジンは交易やプランテーションで用いる「その場しのぎ」の言語とも言われ、すぐに使われなくなることもあります。しかし、ある地域内でピジンの使用人口が増えると、その次世代からは母語としての地位を築いていくことになるのです。これがクレオールです。クレオールの特徴はピジンより語彙や文法構造がさらに発達している点にあります。

　もっともピジンとクレオールの区別は必ずしも明確ではありません。例えば南太平洋のパプアニューギニアで話されるトク・ピシンは英語と太平洋諸島の言語などとの接触の結果生まれた、英語を基盤とする混成語です。トク・ピシンの名称は英語のトーク talk とピジン pidgin から来ていますが、現在はパプアニューギニアの公用語の一つで、100 万人以上の母語話者がいることからクレオールと言えます。文法構造は単純化されていて、"mi kam" という表現で、"I come/ came/ coming" を表します。

　クレオールと基盤となった言語（例えば英語）が併用される社会では、クレオールを使うか、基盤となった言語の標準語を使うかということは、社会的威信や教育水準とも関わってきます。クレオールは威信がないので標準語に切り替える人もいますが、一方で、自らのアイデンティティのためにクレオールを使い続ける人もいます。

［読書案内］
岡村徹『はじめてのピジン語——パプアニューギニアのことば』三修社、2005 年。
デイヴィッド・クリスタル『言語学百科事典』風間喜代三、長谷川欣佑監訳、大修館書店、1992 年。原著 The Cambridge Encyclopedia of Language は 2010 年に第 3 版出版。
マーク・セバ『接触言語——ピジン語とクレオール語』田中孝顕訳、きこ書房、2013 年。

Chapter 7 インドの英語 『モンスーン・ウェディング』

インド英語の概要

　インドは人口約 12 億人（2011 年）、憲法ではヒンディー語が連邦公用語、英語が準公用語、ウルドゥー語、ベンガル語、タミル語など合計 22 の主要言語が州公用語と定められている。ヒンディー語は、インド北部を中心に全人口の約 40％が話す全インド的共通語で、中央政府機関でも用いられる。一方、英語は母語話者は少ないが、都市部を中心に高等教育、司法、行政、ビジネス、メディア、科学技術の場などで用いられており、エリート層の共通語として、また国内外を結ぶ言語として使用されている。

　歴史的には、イギリスが 18 世紀半ば実質的な植民地支配を開始し、英語を行政、教育の言語として統治を行った。1947 年にイギリスからインドとパキスタンとして分離独立したとき、インドにおいて英語はヒンディー語と並ぶ連邦公用語（1965 年から準公用語）となった。

　現在は、就学前教育や初等教育の段階で英語を教育言語とする私立学校に子供を通わせる経済的余裕のある階層が高い英語能力を身に付け、高等教育を受けている。また政府の方針として全国的に学校教育では三言語方式が取られており、第 1 学年から第 10 学年の生徒は、母語（地域語）、ヒンディー語、英語の三言語を学習する。

　インド英語という単一の変種があるわけでなく、インド英語というのはインドで第二言語として使われている数多くの英語の変種を包括的に指す語である。それぞれの変種は話者の母語からの影響が大きい。ここで記述するのはインド英語に共通して比較的よく見られる特徴である。

発音

　インド英語は音節拍リズム（→ p. 148 コラム参照）が特徴的である。

話者の母語の影響が彼らの話す英語に表れるからである。音節拍リズムで話される英語は、強勢拍リズム（→ p. 148 コラム参照）で話される英語に比べると、強音節と弱音節の区別がつきにくくなる。

また語強勢（単語のなかのアクセントの位置）が英米語のものと異なることもある。

/θ/ の音が /t/ の帯気音 [tʰ]、/ð/ の音が [d̪] の音として発音されることが多い。thank you がタンキューに聴こえるような例である。

/t/, /d/ の音は、舌先を奥に反らせて舌の裏で口蓋（上あご）を叩くように発音される。この結果、こもったような音に聴こえる。

母語における子音連続の制約の影響から、語頭の /st/ や /sk/ の前に、母音を補う話者もいる。school がイスクールのように聴こえる例である。

母音の後の r が発音されるのも特徴である。

文法

インド英語の文法特徴には以下がある。話者の母語の影響のほか、英語非母語話者が話す他の世界諸英語の変種と共通して見られる特徴もある。

- 冠詞の省略（例）"He is best student at our school."（彼は我が校で最も優秀です。）(the best の the の省略)
- 可算名詞と不可算名詞の混同（例）"I lost my furnitures."（家具を失くしました。）
- 他動詞への前置詞の付加（例）"He discussed about his dream."（彼は彼の夢について語りました。）(discuss about は世界諸英語でよく見られる用法で、将来的に容認されるのではないかと考える研究者もいる）
- 主文の主語・動詞にかかわらず付加疑問文として "isn't it?" や "correct? no?" などを用いる。（例）"You're from China, isn't it?"

（中国出身ではないですか？）
- 時制・態・相（例）"I have read the book yesterday."（「昨日、本を読んだ。」）（「昨日」と現在完了の併用）"He is knowing Kumar."（彼はクマーを知っているよ。）（状態動詞を進行形で用いる）
- 語順（例）"What he is doing?"（彼は何をしているの？）he と is が倒置されない。
- 否定文に同意するときに yes、反論するときに no を用いる。"You are not happy."（幸せでないのですね。）にたいして、"No, I am happy."（いいえ、幸せです。）と答えるのは日本人の yes-no の使い方と同じである。

語彙

ヒンディー語などインドの言語から英語に入った語彙のなかには、avatar（神の化身）、karma（カルマ）、khaki（カーキ）、pajamas（パジャマ）、yoga（ヨガ）など、インド英語に限らず英語の一般語彙のなかに広く定着しているものも多い。一方でインド（南アジア）英語以外では用いられないものも多い。一例としてヒンディー語起源の、10 万を表す lakh（ラーク）や 1000 万を表す crore（カロール）などがある。

英単語の意味をインド風に応用して用いているものもある。女のいとこ（従姉妹）を cousin-sister と呼び、男のいとこ（従兄弟）を cousin-brother と呼ぶなどの例である。

語法・文体

書き言葉においてフォーマルな文語調の文体が多い。インドがイギリスの植民地であった時代に、司法や行政の言葉として英語が用いられていたことや、英語教育においてイギリス文学の伝統が重視されてきたことが理由である。

1 映画『モンスーン・ウェディング』

【あらすじ】

　デリーに住むビジネスマンのラリット・バルマは、長女アディティの結婚式の準備に忙しくしています。アメリカ、バーレーン、オーストラリアなどに移住した親戚が帰国するのを家長として迎え、娘のためにパンジャブ地方の伝統の豪華な結婚式を挙げてやろうと準備に余念がないのです。

　ところが、幸せなはずの新婦アディティは結婚式を目前にしながらも前の恋人が忘れられずに、会いに行ってしまいます。一方、アディティの弟は歌や踊りが好きで、姉の結婚を祝ってパーティで踊ろうとダンスの練習に励んでいますが、父親であるラリットに男子が歌や踊りを好きであることを強く非難され悩んでいます。また、アディティの従姉リアは集まった親族を見て、幼い頃の忌まわしい記憶を思い出し苦悩します。婚約式から始まって四日間続く結婚の祝宴を取りしきるウェディングプランナーのデュベイは、バルマ家の清楚なメイドに恋をしますが、なかなか思いを打ち明けることができません。さまざまな思いが交錯する中、華やかな結婚式が行われ、モンスーンがもたらす激しい雨が皆の上に降り注ぎます。

【映画について】

● ミーラー・ナーイル監督は、1957年にパンジャブ地方出身の両親のもとに生まれました。デリーで大学教育を受けた後、ハーヴァード大学で社会学を学び、現在はアメリカに住んでいます。代表作として、ムンバイのストリート・チルドレンを描いた『サラーム・ボンベイ』(1988)、アメリカに住むインド系移民を描いた『ミシシッピー・マサラ』(1991)や『その名にちなんで』(2006)などがあります。16世紀インドを舞台にした『カーマ・スートラ――愛の教科書』(1996)は性愛描写のためインドで上映許可がおりず話題となりました。

● 『モンスーン・ウェディング』(2001)は、ヴェネチア国際映画祭で金獅子賞（グランプリにあたる最高の賞）を受賞しました。インド人の監督が

インドで撮ったアメリカ、イタリア、ドイツ、フランスの共同製作の映画です。
- 一般にムンバイで作られたヒンディー語の主流娯楽映画を「ボリウッド映画」と呼び、歌と踊りが映画の重要な要素となっています。『モンスーン・ウェディング』はボリウッド映画ではありませんが、パンジャブ地方の伝統的な結婚式の場面には歌と踊りが織り交ぜられています。

【登場人物の英語の特徴】
- **ラリット・バルマ**。長女アディティの結婚式を立派に挙げようと準備しているデリーのビジネスマン。英語とヒンディー語、パンジャブ語を切り替えながら話しています。インド英語の特徴がよくわかる英語です。
- **ピミ・バルマ**。ラリットの妻。長女アディティの結婚式の準備に大忙しです。長男を寄宿制の学校に入学させようという夫の教育方針に反対しています。英語とヒンディー語、パンジャブ語を切り替えながら話しています。インド英語のリズムの特徴がよくわかる英語です。
- **アディティ・バルマ**。バルマ家の長女。親の勧めによりアメリカに住むパンジャブ系男性と結婚することになり、彼女も結婚後の渡米が決まっています。婚約者とは英語で話し、また、自分の家族・親族とは英語とヒンディー語、パンジャブ語を切り替えながら話しています。母ピミの英語に比べると、インド英語独特のリズムの特徴が少ない英語です。
- **P.K. デュベイ**。ウェディングプランナーとして、バルマ家の庭で開かれる祝宴を企画し、職人を雇って準備しています。バルマ氏とはヒンディー語及び英語で話しますが、職人たちやバルマ家のメイドのアリス、また自分の母親とはヒンディー語で話しています。インド英語のリズムや発音の特徴が表れた、早口の英語で話しています。

② 『モンスーン・ウェディング』で話されるいろいろな英語

『モンスーン・ウェディング』には、デリーに住む富裕なミドルクラスの一家を中心に、彼らと親交のある人々や、仕事などを通して関わりのある人々

が登場します。登場人物の大半は英語を話しますが、英語だけを話す人は出てきません。みな英語以外のインドの言語（ヒンディー語、パンジャブ語、ウルドゥー語など）も話します。人によって度合は異なりますが、インド英語の特徴の表れた英語を話しています。またヒンディー語などインドの言語と英語とのコードスイッチング（話し手の使用言語が切り替わること）が多いのも特徴的です。

　結婚式に招待されて海外から帰国するバルマ家の親戚たちは、アメリカやバーレーン、オーストラリア在住の「在外インド人」(Non-Resident Indian、NRI) です。彼らは頻繁に言語を切り替えながら、流暢な英語でコミュニケーションを図っています。映画のなかでは若い世代（結婚を控えたアディティや彼女の婚約者ヘマント、いとこのラフールやアイーシャ）のほうが、インド英語的なリズム・発音特徴の少ない英語を話しています。

　一方『モンスーン・ウェディング』のなかには英語を使わない人々も出てきます。例えば、バルマ家のメイドのアリスは英語を話さず、バルマ夫人のピミはアリスに向かってヒンディー語で話しかけています。アリスに恋をするデュベイとアリスとの会話もヒンディー語です。デュベイと一緒に仕事をする職人たちもヒンディー語で話しています。彼らのヒンディー語のなかには ice、mobile phone などの英語が単語として混ざることが多く、職人のなかには lottery（宝くじ）というあだ名のついている人もいます。しかし英語のみの台詞はありません。英語を日常的に話すかどうかというのはその人の社会階層、受けた教育と密接に関わっています。デュベイは出身階層的には、ヒンディー語だけを話す職人やアリスたちに近いですが、自分で始めた事業を成功させた新興ミドルクラスのビジネスマンとして描かれており、顧客であるバルマ氏に対してはヒンディー語と英語の両方を話しています。

3 インド英語
3.1 インド英語の音声的特徴
　インド英語は、聞き慣れていない日本人にとっては、スピードが速く、リ

ズムとイントネーションが独特で理解しにくいと感じられることがあります。授業で『モンスーン・ウェディング』を観た受講生からも、慣れるまではどこがヒンディー語でどこが英語なのか分からなかったという感想が聞かれました。いったい、インド英語のどういう特徴が日本人にとっての「分かりにくさ」の原因となっているのでしょうか。まず、日本人が聞き慣れているイギリスやアメリカの英語とは違うという要因があります。強く発音される音節が多くなる結果、ダダダダと小刻みに刻むような印象になるのです。また単語の強勢の位置が英米標準語と異なることや、母音や子音の音が特徴的であることも聴き取りにくさの原因です。具体的に見てみましょう。

【音節拍リズム】

映画はガーデンパーティの設営準備が進んでいない様子に苛立ったラリットが、ウェディングプランナーのデュベイを探しているところから始まります。そして、妻ピミが家の中から出てきてお茶はいらないかとラリットをねぎらいます。その後屋内に戻ってメイドのアリスに指示を出したピミに、義姉がこう言うのです。

(例1)　00:03:20
Pimmi, I'm sorry to say, but Lalit [1]na, takes on [2]too much tension. [3]It's not good. You see all these [4]young young men getting heart attacks these days.
ピミ、ラリットは気をはりつめすぎよ。良くないわ。最近では若い男たちが心臓発作を起こしてるのよ。

はっきりとインド英語のリズムの特徴が聴き取れる台詞です。[1] の na は、ヒンディー語の表現で「ラリットはね」のような意味を添えています。文全体のリズムとイントネーションを考えてみましょう。[2] の too much tension のところは、too / much / ten / sion という感じで拍が刻まれていま

す。また、much と sion が強く高く発音されています。too-much-ten-sion が、低 - 高 - 低 - 高と拍を刻んで聴こえます。[3] の It's not good. は、It's、not、good のそれぞれの音節に強勢があり、音節拍リズムの特徴を示しています。

また、[3] の文末の good や [4] の文末の days で、母音が長く伸ばされ、上昇調のトーンが使われるイントネーションも、インド英語の音声特徴です。

次に母音や子音の特徴について、ラリットと親戚の若者ラフールの会話を取り上げて考えてみましょう。ラフールはラリットの妻ピミの甥（兄の子）です。（例1）の少し後の場面で、結婚式参加のためにオーストラリアから一時帰国したラフールが車に乗って登場します。ラフールはアメリカから来る親戚を空港に迎えに行くようにラリットに言われて行ってきたものの、会えなかったと言います。あくびをしながら話すラフールをラリットはもう一度行くように叱りつけます。ここでラリットは英語を使っていますが、ヒンディー語の叱責の言葉も混じっています。一方ラフールは一貫して英語を話しています。二人の英語の台詞から、インド英語に特徴的な発音を探してみましょう。

（例2）　00:04:20

Lalit：[1]You spoil the decoration also. [2]Don't you even know how to [3]drive?
Rahul：Well, I've only got one hand to drive with.
Lalit：Who [4]told you to break your hand at this time, [5]idiot.
ラリット：飾りも台無しにする気か。運転の仕方も知らないのか。
ラフール：だって片手で運転してるんだよ。
ラリット：こんなときに骨折するなんて、バカだな。

ラリットは庭の飾りつけを台無しにしそうなラフールの運転に腹を立てています。感情が激していることもあり、台詞のスピードは速く聴き取りにくくなっています。

【/t/ や /d/ の特徴的な音】

　まず、/t/ や /d/ の音が、舌を後ろに反らせたくぐもった音になるというインド英語の特徴を聴いてみましょう。このように発音されるからといって、聴いたときに意味が分からなくなるということはほとんどないのですが、インド英語らしい印象を作り出している要因の一つなので確認しておきましょう。

　やりとりのなかで [2] の don't や [4] の told の音に、くぐもった d や t の音を聴くことができます。差異を感じるには、自分で told という語をまずは舌先を歯茎につけて離す普通の /t/ で発音してみましょう。それから次に舌を後ろに反らせて、舌裏で口蓋（上あご）をはじくようにして told と言ってみましょう。後の方の音が、インド英語に特徴的なそり舌の [t] の音です。この少し後にラリットが "What do you mean you didn't see them?"（会えなかったってどういうことだ？）と言う台詞がありますが、その do や didn't の /d/ でも、くぐもったそり舌の [d] が聴こえます。

【/w/ がヴになる】

　/w/ の音がヴのように聴こえることをラリットの台詞 "And where are they?"（それで彼らはどこにいるんだ？）で確認しましょう。Where がウェアではなくてヴェアのようになっています。ラリットがラフールに "And park this car somewhere else."（この車をどこか別のところに駐車しろ。）という台詞の somewhere もサムヴェアのように聴こえます。/w/ の音が、有声唇歯接近音の [ʋ] になっているのです。この音は /v/ のように歯が唇に触れることはなく、唇と上の歯の間が少し空いた状態で発音されます。/w/ も /v/ もどちらもこの [ʋ] の音で発音されることがインド英語の特徴の一つです。

【r の発音】

　(例2) [3] では drive の r が巻き舌のように聴こえます。r の発音について、テレビの討論番組収録の場面を取り上げてみましょう。

(例3)　00:05:58

Just because India has gone global, should we embrace everything? What about our ancient culture? [1]Our tradition? [2]Our values? You were saying, [3]censorship is unnecessary. Absolutely unnecessary.
インドがグローバル化したからって、何もかも受け入れなきゃいけないのですか？私たちの昔からある文化はどうなるのですか？伝統は？価値観は？検閲はいらないというのですね、まったくいらないと。

　(例3)の [1] と [2] の our で、母音のあとの r がかなり強く、接近音ではなく震え音として発音されているのがわかるでしょう。なお、[3] の censorship の /s/ が [tʃ] となり、センチャーシップのように発音されているのも特徴的です。

3.2　語彙的特徴

　『モンスーン・ウェディング』では、ヒンディー語やその他のインドの言語の単語が入っている例が多く見られます。

　例えば、洋服ダンスの中に隠れていた幼いアリャが、彼女を見つけた従姉のリアに "I saw cousin Aditi nanga, I almost saw you nanga, too." (従姉のアディティの裸を見たし、お姉ちゃんの裸もほとんど見たよ。) と言う台詞があります。nanga はヒンディー語、ウルドゥー語で「裸」を意味する語で、これが英語の中で使われているのです。

　ラリットがアメリカから駆けつけた姉に "We couldn't have had the shadi without you." (姉さんたち抜きでは結婚式は挙げられないよ。) と言う台詞があります。shadi はペルシア語からヒンディー語に入った語で、結

婚、結婚式を意味します。

3.3 文法的特徴
【付加疑問文】
　主節の主語と動詞にかかわらず、付加疑問として isn't it? や、no?、correct? などを用いることがあります。
　『モンスーン・ウェディング』のなかには、no? を文末につける例があります。アメリカから帰国した義兄から思いがけない留学援助の申し出を受けたラリットが感激して言う台詞です。

（例 4）　00:27:20
This is enough for me that we are all here together. My God! [1]Pimmi, it's wonderful, no?
私たちが皆ここに集まっている、それだけで十分だよ。おお、[1]ピミ、すばらしいじゃないか！

　ラリットは、[1]で妻のピミに it's wonderful, no?（すばらしいじゃないか！）と言って共感を求めています。この場面は、親族間の温かい感情が流れるとても感動的な場面です。もっとも映画の物語のなかでは、裕福で面倒見がいいと思われていた義兄が実は別の一面を持っていることが暴かれていくのですが…。

【文末の also】
　副詞の also を文末で用いることがよくあります。（例 2）の [1] の "You spoil the decoration also." のような用法です。英米の標準英語では also は主語と一般動詞の間において、You also spoil... とします。「〜もまた」を意味する too が文末に置かれることからの類推でしょうか。筆者はデリーの土産物店で "Payment Counter in Basement Also"（支払いカウンターは地下

にも）と大きな表示が出ているのを見かけました。話し言葉だけでなく、書き言葉においても文末で also が用いられている例です。

　強調のために語を反復して使うことがあります。（例１）の [3] で all these young young men のように young が二回繰り返されているのが一例です。ここでは「若い男たちが心臓発作を起こしているのよ。」と言っています。ラリットは若者というわけではありませんが、「今時はうんと若い人だって心臓発作を起こすのだから、ましてやラリットは気をつけなくちゃ」という意味で強調していると考えられます。

❹ 英語とヒンディー語、パンジャブ語、ウルドゥー語の併用

　『モンスーン・ウェディング』は基本的に英語を用いた映画ですが、ヒンディー語、パンジャブ語、ウルドゥー語も用いられています。一番多いのはインドの憲法公用語で特に北インドの共通語ともなっているヒンディー語ですが、映画がパンジャブ系インド人の婚礼を描いているため、パンジャブ語も随所で用いられています。

　例えば（例5）を見てみましょう。これは（例１）で引用したピミの義姉が「ラリットは気を張り詰めすぎているので、心臓発作が心配だ」と英語で言うのに対して、別の女性（おそらくラリットの母）が答える台詞です。日本語訳のみを示しますが、下線を引いたところがヒンディー語、波線を引いたところがパンジャブ語、何も引いていないところが英語で話されている台詞です。

（例5）　00:03:28
<u>婚礼前に縁起でもない。</u>ラリットは全部一人でやっているんだからね。<u>イライラがつのるのも無理はないよ。</u>

　英語の台詞への返答として、最初はヒンディー語で、次に英語に移り、それから最後の部分はパンジャブ語です。なおパンジャブ語の最後には tense

という英単語が使われています。

　このような語の切り替え（コードスイッチング）についてナーイル監督は、英語とインドの言語を頻繁に切り替えるのはインドのミドルクラスの人々の間ではよくあることだと述べています。（例5）はまさにその例で、一人の話者の一つの台詞のなかで、ヒンディー語、英語、パンジャブ語が用いられています。ナーイル監督はまた『モンスーン・ウェディング』はパンジャブ系インド人の婚礼を描いた映画なので、より親密な間柄、話題のときにパンジャブ語を使ったとも言っています。（例5）の場面は身内だけの親しい会話なのでパンジャブ語が使われていると言えそうですが、英語やヒンディー語も入っているので、必ずしも決められた型通りに言語が選ばれているわけではないようです。

　さらに（例5）の場面に続く場面のデュベイとラリットの会話も、始めはヒンディー語ですが、途中で英語に変わります。DVDの字幕で「早く来い」と出る部分のラリットの台詞はヒンディー語ですが、それに答えるデュベイの台詞（字幕は「あと10分かそこらで」）は英語です。"In ten minutes, exactly and approximately and I am upon there with sir."（正確におよそ10分でそちらに参りますよ）というデュベイの英語は聴き取りにくいかもしれませんが、exactly and approximately（正確におよそ）という矛盾した表現が、このウェディングプランナーの口八丁手八丁ぶりを表しているユーモラスな台詞です。

　（例6）は（例2）に挙げたラリットとラフールの会話の前後で、ラリットが英語とヒンディー語、パンジャブ語を切り替えている様子を表しています。

（例6）　00:04:10
ラリット：あの馬鹿が何をやってるんだ。左だ左。左だ。バカ。車を止めろ。
　　　　　飾りも台無しにする気か。運転の仕方も知らないのか。
ラフール：だって片手で運転してるんだよ。

ラリット：こんなときに骨折するなんて、バカだな。<u>どこに行ってた</u>？
ラフール：空港に伯母さんたちを迎えに。
ラリット：二人はどこだ？
ラフール：会えなかったよ。
ラリット：<u>呆れたやつだな</u>。会えなかっただって？どういうことだ、会えな
　　　　　かったなんて。

　（例5）と同じく（例6）でも、一人の話者（ラリット）がパンジャブ語、英語、ヒンディー語と言語を切り替えながら話しています。「あの馬鹿が何をやってるんだ」という独り言はパンジャブ語です。バックしてくる車に向かって左に寄せるようにと叫んでいる台詞は英語ですが、途中でヒンディー語になり、またすぐ英語に戻ります。ラフールに向ける「どこに行ってた？」という問いはパンジャブ語です。「呆れたやつだな」は半ば独り言のようにぶつぶつと発せられていますが、これはヒンディー語やウルドゥー語で使われる表現です。独り言が英語以外の言語でなされているのが興味深いです。また英語以外の言語の区別がわからない視聴者にとっても、複数の言語が切り替えられているという事実そのものが印象的です。
　ヒンディー語と英語の使用について言及した場面が映画のなかにあるので見ておきましょう。（例3）の引用に続く、テレビの討論番組の場面です。

（例7）　00:06:12
男性1：アメリカの例を見てみましょう。
男性2：ここはアメリカではない、インドなんですよ。
<u>女性：これが私たちの法律なんです。憲法を変えてごらんなさい、その結果、
　　　　検閲がついてくるでしょう。どう思います？</u>
男性2：民族衣装を着てヒンディー語をしゃべるからって、自分は庶民の代
　　　　表だと思っていますね？違いますよ。

この（例7）は言語の切り替えが話者の交代と同じときに起こっているので、(例5) や (例6) のようなコードスイッチングとは異なります。もっとも、ヒンディー語で発言する女性は明らかに他の話者の英語を理解していますし、また、他の話者も彼女のヒンディー語を理解しています。皆が複数言語話者なのです。そのような状況で英語ではなくヒンディー語を選ぶことは、「庶民の代表」であることを示しています。言語の選択自体が、立場の表明になっているのです。なお、ヒンディー語の台詞のなかでも、constitution（憲法）や censorship（検閲）といった英語が用いられていることにも注目しましょう。

　なおウルドゥー語はこのほかに、詩歌としてもこの映画に登場します。例えば、"Ladies and gentlemen, attention please." と言って結婚式前夜のパーティの司会を英語で行うアディティの叔父（母の兄）は途中でウルドゥー語の詩を詠じています。「お前の瞳はうるみ　肌はバラのごとく香る」という字幕のところです。また、そのしばらく後で親族が芝生の上で車座になっている場面では、彼の妻はウルドゥー詩（ガザル）を歌っています。

❺ 映画のみどころ

　この映画の英語の最大の魅力はダイナミズムにあります。日本で発売されている DVD には英語字幕がついていないのでインド英語独特の発音を細部にわたってすべて聴き取るのは難しいかもしれませんが、まずはこの活力あふれる台詞の流れに耳を傾けてください。英語とインドの言語（ヒンディー語、パンジャブ語、ウルドゥー語）などが目まぐるしく移り変わる躍動感が感じられるでしょう。また、インドの言語を使った台詞のなかにも頻繁に英語の単語が使われているので、そこだけがはっきりと耳に飛び込んでくるでしょう。

　映像的にはデリーの街に人や乗り物があふれる忙しくにぎやかな様子、バルマ家に集う人々の喜怒哀楽に富んだ表情もとても魅力的です。人や町がとてもエネルギッシュな映画です。

これは2001年の映画で、その後ももちろんデリーの町は変化を続けています。筆者が2012年秋にデリーを訪れたときには、地下鉄の女性専用車両のなかで女性たちがスマートフォンをいじっている様子が普通の日常生活の一コマのようでした。『モンスーン・ウェディング』ではデュベイの駆使する携帯電話が、やり手のウェディングプランナーの重要な小道具として描かれます。この映画から10年以上の時が流れていることを実感しました。インドというと悠久の歴史を持つ国というイメージがありますが、21世紀における変化の速度は日本よりもなお速いのかもしれません。そんなことにも思いをはせながらこの映画を楽しんでください。

❻ 映画のなかの英語について考えてみよう

- 英語以外の台詞のなかで、英単語が用いられているところを探してみましょう。また英語の台詞のなかでヒンディー語などの単語が用いられているところを探してみましょう。例えば、姉を表すdidi（ディディ）や、敬称のsahib（サーヒブ）やji（ジー）など。
- アディティの婚約者はテキサスに移住していて、結婚式のために帰国しています。映画のなかではほとんど英語を話していますが、そうでないところもあります。それはどんなところでしょうか。その意味を考えてみましょう。

❼ こんな映画も観てみよう

『スラムドッグ・ミリオネア』（2008）
　ムンバイの貧民街で育った青年ジャマールは、テレビのクイズ番組で難問に次々と答え、多額の賞金獲得まであと一問というところまでこぎつけます。けれども教育を受けていないジャマールが正解できるのは、不正行為を行っているからではないかと番組司会者は疑います。そしてジャマールは警察で取り調べを受けることになるのです。ジャマールはなぜクイズに正解できたのでしょうか？彼の波乱万丈の半生がクイズと関連する回想

シーンとして語られます。ヒンドゥー教徒によるイスラム教徒襲撃で母が亡くなったこと、兄と二人で危機を切り抜けて生きたこと、幼い頃に出会った少女ラティカへの想いなどが語られるなか、クイズ番組に挑む彼の真の目的は何なのか、明らかになっていくのです——。

『スラムドッグ・ミリオネア』は西インドの大都市ムンバイを舞台にした映画ですが、ほとんどの台詞は英語です。英語を理解する観客のためにイギリス人のダニー・ボイル監督が撮ったインド・イギリス合作映画なので、英語が多く使われているのです。主人公の子どもの頃のシーンではヒンディー語が主に使われています。

スクリーン・プレイ社から刊行されている『スラムドッグ・ミリオネア』(対訳本)には英語の詳細な解説があります。また、DVDには英語字幕もついています。2009年のアカデミー賞作品賞他を受賞しました。

『ベッカムに恋して』

2002年のイギリス映画で、主人公ジェスは、ロンドン郊外に暮らすパンジャブ系(シーク教徒)移民一家に生まれた大学入学直前の女の子です。ジェスは英語を母語としてイギリスで育っています。ジェスの両親の話す英語に、インド英語の特徴的な発音、リズムを聴くことができます。

ジェスはサッカーの才能があり、地元の女子チームに入って活躍しますが、インドの伝統的な価値観を持つ両親にはそのことを秘密にしています。両親は女の子がサッカーをすることをはしたないと考えているのです。ジェスの姉がインド系イギリス人の男性と結婚することになりますが、その結婚式の日が、ジェスにとって大事な試合と重なってしまいます…。

監督は、インド出身のグリンダ・チャーダ監督。『ベッカムに恋して』はロンドン在住のインド系移民の少女を主人公にしていますが、マイノリティを描いた映画という枠を超えて、多くの観客の共感を呼び、評判になりました。アイルランド系である男性コーチが語るイギリスにおけるアイルランド人への差別や、ジェスの男友達が悩んでいる同性愛への偏見なども描かれ、多民族社会イギリスの多様な価値観を背景にしています。

女子サッカーと言えば日本でもワールドカップやロンドン五輪でのなでしこジャパンの活躍によって、一躍注目を集めました。女子サッカーが盛んなアメリカからスカウトが試合を見に来る場面などもあり、このスポーツを取り巻く状況を知ることができる映画です。

［読書案内］
榎木薗鉄也『インド英語のリスニング』研究社、2012 年。
山下博司、岡光信子『アジアのハリウッド——グローバリゼーションとインド映画』東京堂出版、2010 年。

［参考文献］
Bhatt, Rakesh M. "Indian English: Syntax" *Varieties of English 4: Africa, South and Southeast Asia*. Ed. Rajend Mesthrie. New York: Mouton de Gruyter, 2008.
Gargesh, Ravinder "Indian English: Phonology" in Mesthrie (ed.)*Varieties of English 4: Africa, South and Southeast Asia*. Ed. Rajend Mesthrie. New York: Mouton de Gruyter, 2008.

強勢拍と音節拍

　海外で買い物をしていると、例えば、"3 for 2"（2つ買えば、3つめは無料）といった表示を目にすることがあります。文字で書かれている場合は問題がないのですが、口頭で伝える場合にはその読み方、特にリズムに注意しなければなりません。

　言語によって発音が異なるように、リズムも異なります。英語をはじめドイツ語、オランダ語、ロシア語などは強勢拍リズムを取ります。強勢のある音節から次の強勢のある音節まで、ほぼ一定の長さで読まれるのが特徴です。一方、日本語、スペイン語、フランス語、ヒンディー語などのリズムは音節拍リズムといわれ、各音節の長さがほぼ同じになります。そのため、このリズムで英語が話されると、英語母語話者に理解されないこともあります。

　最初に挙げた"3 for 2"を使い、強勢拍と音節拍リズムの違いを見てみましょう。強勢拍リズムでは、強勢の置かれる"3"から次の強勢が置かれる"2"までほぼ同じ長さになります。つまり、"3 for"と"2"がほぼ同じ長さで読まれます。その際、強勢の置かれない"for"は「フォー」ではなく「ファ」のような弱く、短い音になります。一方、音節拍リズムでは各音節がほぼ一定の長さになるので"3"、"for"、"2"は同じ長さになります。そのため、"for"は「フォー」のような音になり、英語母語話者には"342"のように聞こえてしまい、誤解を与える場合があります。

［読書案内］
小泉保『改訂音声学入門』大学書林、2003年。
安藤貞雄、澤田治美編『英語学入門』開拓社、2001年。
今井邦彦『ファンダメンタル音声学』ひつじ書房、2007年。
竹林滋、齋藤弘子『英語音声学入門』大修館書店、2008年。

英語学習における ICT の活用

　映画以外にも様々なメディアを使って英語を学習することができます。特に ICT（Information and Communication Technology）の発達と普及に伴い、英語学習の形態や方法は変化し、多様化しています。例えば、スカイプ（インターネット電話サービス）を使って海外にいるネイティヴ・スピーカー、あるいは、ノンネイティヴ・スピーカーと自宅で英会話の練習をする英語学習方法など、一昔前には考えられませんでした。また、学校での情報環境の整備が進むにつれて、学校教育における ICT の活用も増え、英語教育のあり方も変化してきています。例えば、ICT の物理的距離を超えることを可能にする特長を利用することで、他国の学生との英語での交流が容易に実現できます。このような異文化交流型の英語学習は、英語教育の目標の一つである異文化理解にも繋がります。世界諸英語を理解するためにも有効でしょう。

　さらに、コンピュータデバイスやワイヤレス通信などを用いていつでもどこでも情報にアクセスできるユビキタス環境を利用し、教室内でだけでなく、教室外での英語学習を支援する取り組みも活発に行われています。このように ICT を英語学習や英語教育に活用することで、効果的な学習・教育方法の選択肢が増えました。ただ同時に、ICT を活用するには、学習者も英語教師もそれに必要なコンピュータやコンピュータネットワークに関する知識や技術を身に付けなければならないといったような様々な課題があることも事実です。

［読書案内］

遠田和子、岩渕デボラ『e リーディング英語学習法——アマゾン、グーグルから電子デバイスまで』講談社インターナショナル、2011 年。

藤田英時『Google 英語勉強法——お金をかけずにネイティブから学べる』日本実業出版社、2011 年。

大学英語教育学会監修、見上晃、西堀ゆり、中野美知子編集『英語教育におけるメディア利用—— CALL から NBLT まで（英語教育学大系）』大修館書店、2011 年。

Chapter 8 シンガポールの英語 『フォーエバー・フィーバー』

シンガポール英語の概要

シンガポールは赤道直下、北緯1度に位置する島国である。人口は約518万人で、中国系74%、マレー系13%、インド系9%、その他3%(2012年)。英語は4つある公用語の一つで、行政やビジネスの主要言語であり社会で広く用いられている。他の公用語は中国語（北京語）、マレー語、タミール語（南インドの言語）である。華人と呼ばれる中国系住民は中国語の方言である広東語、福建語、潮州語なども話す。国語はマレー語と定められているが、英語、中国語のほうが広く用いられている。

シンガポールで英語が使用されるようになったのは19世紀初頭から始まったイギリスによる植民地支配の影響である。植民地時代には、マレー系、中国系、インド系に分割した統治が行われ、英語を用いるエリート層が育成された。イギリスの支配は、第二次世界大戦時の日本による支配の時期をはさんで続き、シンガポールはマラヤ連邦、マレーシア連邦などを経て、最終的に1965年に独立した。

シンガポールの英語は大きく分けると二種類ある。標準シンガポール英語と口語シンガポール英語である。標準シンガポール英語は、学校で教える標準的な英語である。口語シンガポール英語は、マレー語や中国語（福建語ほか）の影響を受けた英語で、「シングリッシュ」とも呼ばれる。口語シンガポール英語は、シンガポール人以外には通じないという理由で、政府は2000年に標準的な英語を話そうという政策「Speak Good English Movement」を始めた。

なお、標準シンガポール英語と口語シンガポール英語を状況に応じて使い分ける人もいれば、口語シンガポール英語のみを話す人もいる。

発音

　シンガポール英語は音節拍のリズム（→ p. 148 コラム参照）を持つ英語である。またイントネーションの高低幅も大きい。こうした全体的な特徴に加えて、母音において長さによる区別がなく長母音と短母音が区別されないこと、語末の子音が発音されない（閉鎖音が開放されない）ことなどが、シンガポール英語の特徴を作り出している。

　中国系、マレー系、インド系の者は、それぞれ母語が異なるので、英語にも異なる影響が表れる。例えば、中国系では /r/ と /l/ を区別しない（pray と play が区別されない）、マレー系では /f/ と /p/ を区別しない、インド系は /v/ と /w/ を区別しない、などの特徴がある。

　子音は語頭の無声音 /p/, /t/, /k/, /tʃ/ が気息音化しないので、有声音 /b/, /d/, /g/, /dʒ/ と近く聴こえる。

　子音の特徴として、[θ], [ð] は母音の前では [t], [d]、語末では [f] になる。また、語末の閉鎖音が開放されなかったり、声門閉鎖音が代わりに用いられたりすることが多い。例えば like がライクというよりもライッのように聴える。子音群 /nt/, /nd/, /ld/, /sk/ などで、二番目の子音が発音されないことが多い。don't、and、called、ask などの最後の子音が発音されないのである。

文法

　文法的特徴には、冠詞の使用（不使用）や be 動詞の省略、語順など他の国の英語の変種にも見られるものもあれば、口語シンガポール英語に独自のものもある。

　口語シンガポール英語に特徴的なのは lah（ラー）など、節の末尾について終助詞のような働きをする助詞である。文法的にはなくても良いが、語用論的な機能を果たしている。もっともよく知られているのは話し手が聞き手に共感を求めるときに用いる lah である。この他に ma（情報が明白であることを表す）、wat（情報が明白であり、かつこれまでの

話の流れに逆らうものであることを表す)、lor（情報が聞き手に明白であること、および話し手の諦めを表す）、hor（賛成を求める）、hah(疑問を表す) などがある。lah はマレー語起源とも言われ、マレーシア英語でも用いられる。

次に、yes-no 疑問文に対して、Yes を使って答える代わりに疑問文の主動詞を繰り返す語法も、口語シンガポール英語の特徴である。"Do you know the way to the station?"（駅までの道を知っていますか？）という問いに対して "Know, know."（はい、知っています。）と答える、などである。

この他、他の変種でもよく見られる文法特徴を挙げる。（こうした特徴は英米の英語では非標準的とみなされることもある）。文脈から推測できる主語が省略されることがある。動詞の活用については、時制や完了などを表すのに、動詞を変化させずに副詞で示すことがある。主語と動詞の数の一致がないことがある。名詞の前の冠詞が用いられないことがある。述語的な形容詞の前の be 動詞が省略されることがある。付加疑問文として、主節の主語・動詞に関わらず is it? が用いられることが多い。また、or not? を文末につける疑問文も多用される。

語彙

シンガポール英語には中国語（福建語）起源の語、マレー語起源の語などが多い。

1 映画『フォーエバー・フィーバー』
【あらすじ】
1977 年のシンガポールが舞台です。主人公のホックは中国系シンガポール人で、スーパーマーケットに勤め、余暇には友人とブルース・リーのカンフー映画を観に行く平凡な青年です。家では口うるさい両親や祖母、出来の

良い医学生の弟、多感な年ごろの妹と一緒に暮らしています。ある日ホックは友達に誘われて、『フォーエバー・フィーバー』というダンス映画を観に行きます。その映画で繰り広げられるディスコダンスの魅力にとりつかれたホックは、幼馴染のメイをパートナーとして誘ってダンス教室に通い始めます。ディスコダンスコンテストで優勝して、5,000ドルの賞金を獲得し、憧れの新型バイクを買おうというのです。

　ダンス教室に通ううちにめきめきと実力をつけてきたホックを、ホックが働くスーパーマーケットのオーナーの息子である、金持ちで自信家のリチャードが目の敵にします。そしてリチャードのダンスパートナーだったジュリーがホックをパートナーに選んだため、ホックとリチャードの間の緊張関係はさらに高まっていきます。

　一方でホックの家庭では、これまで優等生として両親にかわいがられてきた弟のレスリーが、思いがけない行動に出たため、ホックはその対応にも追われることになります。そしてついに、ダンスコンテストの日がやってきました。ホックは『フォーエバー・フィーバー』の映画スターを心の支えにして、舞台に臨むのです…。

【映画について】

- 『フォーエバー・フィーバー』は、1977年のアメリカ映画『サタデー・ナイト・フィーバー』が世界中に巻き起こしたディスコブームをモチーフにしています。ディスコに夢中になるシンガポールの若者たちを描いた1998年の映画で、シンガポール映画史上空前の大ヒットとなりました。日本で初めてロードショー公開されたシンガポール映画です。

- 『フォーエバー・フィーバー』は『サタデー・ナイト・フィーバー』の設定の一部を借りながらも、シンガポール風にアレンジして独自のおもしろさを出しています。例えば、劇中映画『フォーエバー・フィーバー』には『サタデー・ナイト・フィーバー』に主演しているジョン・トラボルタと雰囲気を似せた俳優が出てきます。また、『フォーエバー・フィーバー』の主人公は中国系シンガポール人で、中国系アメリカ人映画スターのブルー

ス・リーに憧れ、映画のカンフー・シーンを真似しています。これは『サタデー・ナイト・フィーバー』のイタリア系アメリカ人の主人公が、同じイタリア系アメリカ人である映画スター、シルヴェスター・スタローンが演じる『ロッキー』のボクサー姿に憧れているのに対応しています。

● アメリカでは *That's the Way I Like It* というタイトルで公開されヒットしました。アメリカ公開版をもとにしたアメリカの DVD では、映画の冒頭に「1965 年、シンガポールは 146 年にわたるイギリスによる支配を離れて独立国家となった。シンガポールでは東洋と西洋が出会う。英語が公用語でありながらも公式には箸が用いられる国なのだ。この若い国がアイデンティティを求めて立ち上がったのは、ディスコが街にやってきたときのことである…」と英語字幕で映画の舞台となるシンガポールの社会的状況が説明されます。また映画の最後には、後日談として主人公の弟がパリで活躍し、妹が渡米してハーヴァード大学で博士号をとったことが字幕で示されます。シンガポールでのオリジナル版を元にした日本の DVD で後日談が示されているのはホックだけですが、アメリカ版では主人公だけでなく弟妹も国際的に活躍することが示され、シンガポール人の国際性をアピールしているのです。

● ダンス教室の男性インストラクターを演じているのは、ドラァグクィーン（女装した男性）のコメディアンとして有名なインド系シンガポール人クマールです。ホックたちが最初に『フォーエバー・フィーバー』を映画館に見に行ったときに、ニューハーフ三人とすれ違ってからかう場面がありますが、あの場面で水色のドレスを着て真ん中に立っている人もクマールが演じています。（この場面はアメリカ版ではカットされています。）

【登場人物の英語の特徴】

● **ダン・キン・ホック**。主人公の中国系シンガポール人の青年。口語シンガポール英語を話します。

● **ホックの幼馴染メイ、男友達、ホックの父母、妹ムイ**。中国系シンガポール人で口語シンガポール英語を話します。

- **ホックの友達ジュリー、ホックの弟レスリー。**中国系シンガポール人です。この二人は、ホックの他の友達や家族に比べて口語シンガポール英語の特徴が少なく、標準シンガポール英語に近い英語を話します。他の人々とは少し違う、上品で気取った人物として描かれている側面もあります。
- **劇中映画『フォーエバー・フィーバー』の主人公。**アメリカ映画の主演スター。アメリカ英語を話します。
- **ダンス教室のインストラクター。**インド系シンガポール人です。

❷ 『フォーエバー・フィーバー』で話されるいろいろな英語

　映画の冒頭で聴こえてくるのはロサンジェルスのラジオのディスクジョッキーが、大流行している映画について話しているアメリカ英語の声です。そして、この映画の人気がアメリカを発信地として世界中に広がっていく様子が、画面いっぱいに広がる世界地図上に次々と点滅する赤い印によって示されます。点滅する印は、北米から東回りに、ヨーロッパ、地中海、中東、インドを経てマレー半島の先端、シンガポールにたどり着きます。映像に合わせて、音声はアメリカ英語から諸地域の言語へと重なりながら変わっていきます。そしてシンガポールに着くころには、中国語から再び英語へと変わっています。しかしここで聴こえてくるのはアメリカ英語ではありません。"Here is a request from Dan King Hock from Oriental Supermarket. (次はオリエンタルスーパーマーケットのダン・キン・ホックさんからのリクエストです。) というラジオの声は、シンガポール英語の発音になっています。同時に画面は1977年のシンガポールのオリエンタル・スーパーマーケットに変わり、そこで働くホックを映し出すのです。

　主人公のホックや彼の家族や友人の話す英語は、発音や文法において口語シンガポール英語の特徴が顕著です。口語シンガポール英語は「シングリッシュ」(Singlish) として知られています。(→ p. 150 参照)「シングリッシュ」とは、シンガポール (Singapore) とイングリッシュ (English) を合わせた語ですが、必ずしも良い意味で使われているわけではありません。むしろ、英

語ではない、非標準的な、という否定的な意味で使われることもある呼び方です。シンガポール以外では理解されにくい英語ともいえます。この映画で用いられている口語シンガポール英語は、日本の英語学習者にとって聴き取りにくいところもあるでしょう。

　日本人英語学習者にとって比較的聴き取りやすいのはホックの弟レスリーや、ホックが憧れを抱くダンス教室の仲間ジュリーの英語です。レスリーは大学の医学部に通っており、ホックと違って父母から大きな期待を寄せられています。大学教育を受けて医師になるというエリート的生き方が彼の話す英語にも反映されています。彼は口語シンガポール英語に特徴的な言葉遣いはせず、例えば文末の lah も使っていません。標準シンガポール英語を話しています。また、裕福な家庭の令嬢という雰囲気を漂わせているジュリーも、文法や語彙面で口語シンガポール英語の特徴の少ない英語を話しています。

　この映画に出てくる登場人物のほとんどは中国系シンガポール人ですが、そのなかで一人ダンス教室のインストラクターはインド系シンガポール人です。シンガポール人同士は英語を聴くとその音声特徴から、話者が中国系なのかインド系なのかほぼわかると言います。このインストラクターの台詞はあまり多くありませんが、インド英語のような音節拍リズムの特徴を聴くことができます。

　最後にこの映画で英語と並んでところどころで使われている福建語について述べておきましょう。福建語は中国語の方言の一つで、中国系シンガポール人の中にはこれを家庭で使用している人たちも多くいます。『フォーエバー・フィーバー』のホックの家庭では、英語と福建語を使用していますが、ホックの祖母は福建語だけを話しています。シンガポールでは 1960 年代から英語を含む二言語教育政策が取られてきましたが、ホックの祖母はそれ以前の世代に属しているのです。家族の食卓の場面で用いられる福建語は、ホックたちが中国系シンガポールであり、シンガポールが多民族国家、多言語国家であることを表しています。なおこれは、『フォーエバー・フィーバー』

が参照しているアメリカ映画『サタデー・ナイト・フィーバー』の主人公がイタリア系アメリカ人で、主人公の家族は英語を話していますが祖母だけがイタリア語を話しているという状況とパラレルに描かれています。

❸ シンガポール英語
3.1 シンガポール英語の音声的特徴

口語シンガポール英語は聴き取りにくいと感じる日本人英語話者は少なくありません。私の授業でも『フォーエバー・フィーバー』の英語分析を担当することになった受講生が四苦八苦していました。イギリスやアメリカ、オーストラリアの英語は英語学習教材や映画、ドラマでも耳にすることがありますが、シンガポール英語を耳にする機会はそれほど多くないからです。

全体的なリズム、イントネーションに慣れていないことが、わかりにくく感じる一つの大きな要因でしょう。もう一つの大きな原因は、母音と子音の音が、日本人学習者が知って予測している英語の音と違うから、というところにあります。

【短母音と長母音の区別がない】

母音の特徴は、長さによる区別がなく、長母音と短母音がないところです。例えば、pull と pool、hit と heat の区別がされず、同じ母音が用いられて、それぞれ [pul] と [hit] となるのです。lot、thought の母音も区別されず、いずれも [ɔ] が用いられます。この特徴に関連した場面を見てみましょう。ホックが、映画館でスクリーンの中から出てきた劇中人物と会話するところです。

（例 1）　00:26:20
Hock：Actually, my name is [1]Hock.
Movie Character：OK Hawk, now listen, bird man.
ホック：名前はホックだよ。
劇中映画主人公：よし、ホーク（鷹）だな。鳥男、よく聞くんだぞ。

映画スターが話しているのはアメリカ英語なので、Hock は /ɑː/、Hawk は /ɔː/ と別の母音になるところですが、ここは似た音として言葉遊びで、ホックの名前を「ホーク」鷹とかけているのでしょう。ただ、シンガポール英語では、どちらも同じく [hɔk] と発音されます。

　母音の特徴として、apple などの母音 /æ/ が、エに近くなり、逆に dress などの母音がエとアの中間音（英米での apple の母音）に近くなるというものがあります。これらの母音を使ったやりとりが、単語の聞き間違いとそこで生じる笑いにつながる場面があります。ホックが憧れの女性ジュリーと話しているところです。

（例2）　01:02:15
Julie：He is a Russian [1]ballet dancer.
Hock：Oh, the [2]belly dancer, oh he's good.
ジュリー：彼はロシアのバレエダンサーよ。
ホック：ああ、あのベリーダンサー、いいよね。

　ジュリーは [1] ballet dancer と言うのですが、その ballet（英米では /bæleɪ/）の最初の母音は [æ] またはそれよりやや狭くエに近く聴こえます。また二番目の母音も [eɪ] ではなく [i] のようです。ヌレエフが著名なバレエダンサーであることを知らないホックは、ジュリーの言った ballet dancer を belly dancer に聞き間違えるのです。ホックが発音する belly の母音は、ジュリーの ballet の母音と同じに聴こえます。

　この他、最初のダンスレッスンの後でホックがうまく踊れなかったことをメイに、「先生がこっちに曲がれというのに、僕はあっちに曲がってしまう」とこぼす場面があります。"He said turn this way and I turn that way." と言っているのですが、この turn（ターン）という語がホックの発音では done（ダン）と言っているように聴こえます。turn の母音が長くないこと

(アーでなくてア)と、語頭の子音 /t/ が気息音化していないので [d] のように聴こえることが原因でしょう。

【th の音が t や f に】
　子音の特徴の一つに、/θ/, /ð/ は母音の前では [t], [d] となり、語末では [f] となるというものがあります。例えば、バイク店の店員がショーウィンドウのバイクの値段をホックに訊かれて"Three thousand."と言うときに、まるで tree tousand と言っているかのように聴こえるのが、分かりやすい例でしょう。

【子音が発音されないときがある】
　子音の特徴としては、語末の閉鎖音が開放されなかったり、声門閉鎖音（喉で息を止める音）がかわりに用いられたりすることも挙げられます。例えば、主人公の名前はホック Hock で [hɔk] と発音されますが、語末の /k/ が発音されないで声門閉鎖音に変わり「ホッ」のように聴こえることがよくあります。一例として、最初のダンスレッスンを終え、自分のダンスに失望してレッスンをやめようとするホックをメイが励ます場面を見てみましょう。

（例3）　00:24:25
Mei：Eh, don't stop it [1]lah. In no time we are dancing like Singapore John Travolta man. So what Mr Larry was saying, right, the more you dance, the better you'll get [2]ma. Oi, [3]Hock, oi!
メイ：やめないでよ。私たちすぐにシンガポールのジョン・トラボルタみたいに踊れるわよ。ラリー先生が言っていたことは正しいわ。踊れば踊るほどうまくなるのよ。ねえ、ホック、ねえ。

ここで、[3] の「ホック」という呼びかけは、最後の /k/ が発音されず、かわりに声門閉鎖音で置き換えられているのがよくわかります。このように、

あるはずの音が発音されないことがあると、日本人にとっては聴解が難しくなります。

3.2 語彙的特徴

英語の台詞の中にもいろいろな福建語の語が用いられています。そのなかで、映画の主題とも深く関わっている"ah kwa"（アークワ）という語を取り上げましょう。「女々しい男」「おかま」を表す福建語で、いわゆる政治的に正しい表現ではありませんが、この映画の理解を深める上で鍵になる語なので、敢えて取り上げたいと思います。最初に友達と映画館に行ったときにホックは、お目当てのカンフー映画が終わっていてダンス映画が上映中だったのを見て、"Dancing is for ah kwa."（ダンスなんて女々しい男のすることだ。）と嫌がります。映画の中盤、ホックとメイがダンス教室に通っていることを知った男友達たちは、これを覚えていて、ダンスは ah kwa のものだと言ったじゃないか、とからかいます。そして映画の終盤で「女性になりたい」と言って家を出たホックの弟のレスリーが、父と和解しようと女装して戻って来たときに、父親は息子に向かって福建語で「おまえは ah kwa だ」という言葉を投げつけるのです。性同一性障害に悩むレスリーの選択はこの映画の重要なテーマの一つですが、彼を理解できない父は ah kwa という蔑称を使ってしまうのです。この他にも、中国語の間投詞である Aiya「アイヤー」（あらまあ）をメイは"Aiya busy lah."（まあ、忙しかったのよ）のように用いています。同じくメイの台詞には"Oh, my favorite Loh Poh Peng."（まあ、私の好きな老婆餅だ）のように、中国語の食べ物の名前をそのまま使っているものもあります。

3.3 文法的特徴
【助詞 lah】
日本語の終助詞のように、文末に lah をつけて親しみを表すことは、口語シンガポール英語でよく聴かれる特徴です。映画のなかでもこの lah は頻繁

に使われます。(例3) の [1] では、Don't stop it lah.（やめないでね）というように使っていますし、語彙の項で挙げた Aiya busy lah（まあ、忙しかったのよ）もその一例です。"Dance class lah."（ダンス教室よ）、"O.K. lah"（大丈夫だよ）、"Wake up lah."（起きろよ）など枚挙に暇がありません。

同様の助詞で情報が明白であることを表す ma は、(例3) の [2] で用いられています。"the more you dance the better you'll get ma."（練習すればするほどうまくなるわよ。）とメイがホックを慰める場面です。

【付加疑問文】

付加疑問文として、主語と動詞に関わらず文末に is it? が用いられるという特徴があります。映画の中では、最後に近い場面でリチャードがホックに "You think just because you win the competition, you're damn good, is it?"（コンテストで優勝したから、自分はすごいと思ってるんだろう？）と喧嘩を売る場面があります。主文の主語は you で動詞は think ですから、それに合わせた標準的な付加疑問文は don't you? となるところですが、is it? が用いられています。

【動詞の活用形】

動詞の三人称単数現在形や過去形などを用いないで、原形、現在形を用いることもあります。例えば、ホックが妹のメイにコンテストの当日言う台詞 "When Leslie come, tell him to meet me at the disco, OK?"（レスリーが来たら、ディスコで会おうと伝えてくれ。）の前半の when 節の中では、動詞の形が comes ではなく come になっています。先ほど付加疑問の項で引用したリチャードの台詞 "You think just because you win the competition, you're damn good, is it?" でも、「コンテストで勝った」と過去のことを話していますが動詞は win と現在形のままです。

【already をつけて完了の意味を表す】

　副詞の already は英米の標準英語では肯定文に用いて「すでに」の意味を表します。（例："I've already had dinner."（もう夕食はすませました。））シンガポール英語では、より広い範囲で使われ、完了の意味を表します。例えば初めてのダンスレッスンにホックが遅れてきたところのメイとホックの会話です。

（例4）　00:21:40
Hock: Sorry I'm late.
May: Why so late?　[1]Why not coming already?
ホック：遅れてごめん。
メイ：どうして遅かったの？どうして先に来ておかなかったの？

　[1] で、Why not coming already? というように already を使って、もっと早く来なかった理由を尋ねています。

3.4 語法的特徴
【英語名】
　英語の愛称を使っている様子が映画の中でもよく表れています。例えばホックの弟はベンからレスリーに名前を変えていて、家族もみなレスリーと呼んでいますが、ホックは、ベンと呼んでいます。"For five years already, you've refused to call me Leslie. Why can't you give me the respect?"（5年もたつのに僕のことをレスリーと呼ぼうとしないんだね。どうして僕のことを尊重してくれないの？）と弟は抗議しています。なお、ホックと弟の関係変化も映画のなかで丁寧に描かれており、この呼び方も変わっていきます。

　ホック自身もダンス教室で憧れの女性ジュリーから声をかけられたときに、とっさに自分の名前を名乗らず、トニーと名乗ってしまうところは象徴的です。もっともその直後に、幼馴染のメイが「ホック！」と呼びかけるの

で、気まずいことになってしまうのですが。

❹ 映画のみどころ
　『フォーエバー・フィーバー』は、歌と踊りに溢れた楽しい青春映画です。主人公のホックは、仕事は遅刻しがちで、両親からも軽んじられ、遊びといえば男友達とカンフー映画を見に行くくらいという、あまりぱっとしない平凡な中国系シンガポール人の青年として描かれています。そのホックがディスコダンスに出会い、少しずつうまく踊れるようになっていく過程が、新しい自分を発見していき、徐々に自信をつけていく様子と重ね合わせて描かれています。初めてディスコに行く前にホックが、服を何着も試着して選び、髪形を変えていくところなどは、「プリティ・ウーマン」男子版といった感があります。ダンスフロアで場をさらうようにして踊るホックの姿は別人のようで、憧れの令嬢ジュリーが目を見張ったのも無理はありません。とはいっても、単なるサクセスストーリーではなく、あくまでもコメディタッチは崩さず、また一方で、家族崩壊の危機などもサブプロットとして描かれています。

　ホックやメイたちの英語は口語シンガポール英語の音声特徴のため、映画を見始めた最初は聞き慣れない感じがします。しかし、青春映画、ダンス映画としてのストーリーには共感しやすい普遍性があり、すぐにその世界に引き込まれていくことでしょう。多民族社会、多言語社会シンガポールの生き生きとした魅力が伝わってくる映画です。

❺ 映画のなかの英語について考えてみよう
- 文末の lah はどのようなところで用いられているでしょうか。多数出てくるので探してみましょう。また、そのほかの助詞 loh（ロー）、ma（マー）、meh（メー）なども探してみましょう。
- 福建語を話すホックの祖母は他の家族が話す英語をどれくらい理解しているでしょうか？彼女の出てくる場面を見て考えてみましょう。

●アメリカ映画『サタデー・ナイト・フィーバー』と見比べて、『フォーエバー・フィーバー』のなかではどのようなところにシンガポールらしさが出ているか考えてみましょう。英語の特徴だけでなく、文化的背景なども考えてみましょう。

6 こんな映画も観てみよう

　『フォーエバー・フィーバー』を撮ったグレン・ゴーイ監督は、2009年に二作目の映画 "The Blue Mansion" という映画を撮っています。青色の豪邸「ブルーマンション」に住む富裕な中国系シンガポール人家庭の家長の葬儀が執り行われているのですが、亡くなったはずの家長がその様子や家族のやりとりを見ている、ただし周りの人には彼の姿が見えない、という設定のコメディです。『フォーエバー・フィーバー』で主人公ホックを演じた俳優とホックの父を演じた俳優が、"The Blue Mansion" では末弟と長兄として登場します。『フォーエバー・フィーバー』とは違ってここでは二人ともいわゆる口語シンガポール英語は話していません。一方で、シングリッシュを話す登場人物もいます。またメイドはフィリピン人、また殺人事件ではないかと捜査に来る刑事はインド系シンガポール人です。（日本版 DVD はありませんが映画の公式サイト http://www.thebluemansion.com/ から購入できます）

[読書案内]

江田優子ペギー「言語の経済性――英語に生き残りを賭けるシンガポール」松原好次、山本忠行編著『言語と貧困――負の連鎖の中で生きる世界の言語的マイノリティ』明石書店、2012年。

奥村みさ、郭俊海、江田優子ペギー『多民族社会の言語政治学――英語をモノにしたシンガポール人のゆらぐアイデンティティ』ひつじ書房、2006年。

田嶋ティナ宏子「シンガポールの英語」河原俊昭、川畑松晴編『アジア・オ

セアニアの英語』めこん、2006 年。
本名信行編・著『事典　アジアの最新英語事情』大修館書店、2002 年。

［参考文献］

Cheng, Khoo Gaik. "The Asian Male Spectacle in Glen Goei's Film *That's the Way I Like It* (a.k.a. *Forever Fever*)" *Asia Research Institute Working Paper Studies*, No. 26, 2004. <http://www.ari.nus.edu.sg/docs/wps/wps04_026.pdf>

Wee, Lionel. "Singapore English: Phonology" *Varieties of English 4: Africa, South and Southeast Asia*. Ed. Rajend Mesthrie. New York: Mouton de Gruyter, 2008.

――. "Singapore English: Morphology and Syntax" *Varieties of English 4: Africa, South and Southeast Asia*. Ed. Rajend Mesthrie. New York: Mouton de Gruyter, 2008.

●タイでの英語教育事情●

　日本では、2011年度から小学校で英語が必修となりました。この背景の一つには、他のアジア諸国の英語教育に対する積極的な動きがあります（→第7章、第8章参照）。その中でも、特にタイは初等教育段階からの英語教育が盛んで、日本の小学校での英語教育必修化に伴い注目を集めています。タイはタイ語が主要言語で、英語は外国語に過ぎないという状況が日本と同じなのです。

　タイは、1996年に英語を小学校に必修科目として導入しました。さらに、日本が小学校5年生から必修科目とされているのに対して、タイの小学校では、1年生から英語が必修科目として教えられています。また、タイの小学校では英語教育の実施時間が、低・中学年は週2時間（6コマ）、高学年は週5時間（15コマ）であるのに対して、日本では年間35単位時間、つまり週45分（1コマ）となっています。このようなタイをはじめとするアジア諸国での英語教育の状況をもとに、日本の英語教育の遅れが指摘され、他のアジア諸国にならい、早期段階での英語教育の導入や授業時間の増加が議論されることがあります。しかし、15年前に小学校英語教育必修化が導入されたタイでも、まだ多くの問題を抱え、現在それらを改善するための国家的戦略計画が実施されている最中です。小学校での英語教育が必修となったばかりの日本は、単に他国の英語教育を真似るのではなく、他国の英語教育における改善点や課題をも参考にしながら、日本人に適した英語教育を考えていくべきでしょう。

［読書案内］
河添恵子『アジア英語教育最前線──遅れる日本？　進むアジア！』三修社、2005年。
鳥飼玖美子『危うし！　小学校英語』文藝春秋、2006年。

●フィリピン英語が聴ける映画●

　フィリピンの国語はフィリピノ語（タガログ語）、公用語はフィリピノ語と英語で、国内で約 80 の言語が用いられている多言語国家です。アメリカの植民地であった歴史のため、フィリピンで話される英語のモデルは、アメリカ英語です。フィリピン英語は、フィリピノ語をはじめとする現地の言語の特徴を反映しています。

　フィリピン英語が聴ける日本の DVD はあまり多くないのですが、例えば『キナタイ─マニラ・アンダーグラウンド』(2009) は、マニラの闇世界を描いた映画で、フィリピノ語が中心ですが、英語も使われています。主人公が通っている警察学校の授業は、英語でなされています。

　『リトル・チュン』(1999) は 1997 年の中国への返還前の香港を描いた香港映画です。主人公を温かく見守る住み込み家政婦はフィリピン人女性で、主人公家族とは主に英語を話していますが、故郷にかける電話ではフィリピノ語を話しています。香港においては英語が、高等教育などで用いられるエリート層の言語であると同時に、移民の言語であることも示しています。

　『メイド──冥土』(2005) はシンガポールを舞台にしたホラー映画で、主人公は中国系シンガポール人（華人）の家庭に出稼ぎに来たフィリピン人女性です。雇い主とは英語で話しています。主人公は実際にフィリピン人女優が演じています。

［読書案内］
河原俊昭「フィリピンの英語」河原俊昭、川畑松晴編『アジア・オセアニアの英語』めこん、2006 年。
本名信行編『アジア英語辞典』三省堂、2002 年。

発音記号リスト

この本では発音を記すのに次の発音記号を使っています。発音記号に慣れていない読者のために＊で説明をつけています。各章の発音を記す際には、その単語のイギリス標準英語における発音を / / に入れて記し、英語の音の特徴を [ ] で記しています。

母音

発音記号	用例
ɪ	BIG ＊エに近いイ
e	PEN ＊エ
æ	APPLE ＊エとアの中間音
ɒ	LOT ＊大きく口を開けたオに近い音
ʌ	LOVE ＊口をあまり開けないア
ʊ	BOOK ＊オに近いウ
iː	SEA ＊イー
eɪ	DAY ＊エイ
aɪ	PRICE ＊アイ
ɔɪ	CHOICE ＊オイ
uː	SCHOOL ＊ウー
əʊ	BOAT ＊アウに近いオウ。学習英和辞典では ou と表記されることが多い。
aʊ	NOW ＊アウ
ɪə	NEAR ＊イア
eə	FAIR ＊エア
ɑː	START ＊口を大きく開けたアー
ɔː	THOUGHT ＊口を大きく開けたオー
ʊə	POOR ＊ウア
ɜː	GIRL ＊口をあまり開けないアー。学習英和辞典では əː

		と表記されることが多い。
ə	ABOUT	*アクセントのない母音で弱母音ア
i	HAPPY	*アクセントのない母音で用いる弱母音イ
u	THANK YOU	*アクセントのない母音で用いる弱母音ウ

子音

p	PEN	
b	BOOK	
t	TEA	
d	DAY	
k	KEY	
g	GOOD	
tʃ	CHOOSE	*チ、チャ、チュ、チョの子音
dʒ	JUDGE	*ジ、ジャ、ジュ、ジョの子音。舌先が口蓋に触れる
f	FOX	*上の前歯で下唇に軽く触れる子音（無声音）
v	VIEW	*上の前歯で下唇に軽く触れる子音（有声音）
θ	THINK	*舌先で上の前歯裏に軽く触れる子音（無声音）
ð	THIS	*舌先で上の前歯裏に軽く触れる子音（有声音）
s	SEA	
z	ZERO	
ʃ	SHOE	*シ、シャ、シュ、ショの子音に近い
ʒ	PLEASURE	*ジャ、ジュ、ジョの子音に近いが舌先が口蓋に触れない
h	HOT	
m	MOUTH	
n	NICE	
ŋ	SING	*ンの鼻音 「サンカン」というときの最初のン

l	LEFT	
r	RIGHT	
j	YOUNG	＊ヤ行の子音
w	WE	

あとがき

　ラッセル・クロウが『グラディエーター』(2000) で古代ローマの剣闘士を演じたとき、彼の英語を「酔っぱらったシェイクスピア役者のようなイギリス英語だ。」とからかった映画評がありました。それが私が映画における様々な英語について考えるようになったきっかけでした。ニュージーランドで生まれ、オーストラリアで育ち、のちにハリウッドスターとなったこのひいきの俳優が、どのような英語でいろいろな役を演じているのかを知りたいと思ったのです。「世界の英語を映画で学ぶ」というプロジェクトは、私にとって趣味と実益を兼ねたテーマとして始まりました。

　このテーマについて研究会の仲間や職場の同僚と話をするなかで、やがて私は映画ファンとしてだけではなく、英語教師また英語研究者として、世界諸英語を映画を通して教えること、学ぶことのおもしろさや奥の深さに、あらためて気づくようになりました。そしてテーマへの理解を示し、各章やコラムを執筆することに賛同してくれた共著者のおかげで、本書の構成、内容を具体化することができました。

　本書の準備を進めるなかで、これまで訪れたことがなかった国を訪れました。それぞれ短期間ではありましたが、オーストラリア、シンガポール、マレーシア、アイルランド、インドに足を運ぶことができました。日本にいたときに映画を繰り返し観て、文献を読んで理解していた各地の英語の特徴を、実際に街角や駅、乗り物のなかで、図書館や大学で、ホテルやマーケット、ショッピングセンター、そしてテレビでも確認することができたのは貴重な経験でした。シンガポールでは至る所でシングリッシュが聞かれましたし、デリーのホテルで見たテレビの討論番組では『モンスーン・ウェディング』のテレビ討論会の場面と同じように畳みかけるような口調、抑揚の論客が意見を闘わせていました。

　そしてもちろん、映画では耳にしなかった英語の特徴にも、現地では

出会うことになりました。DVDや書物でどれほど詳しくその英語について知ることができるとしても、それでもやはり、こと外国語に関する限りは"To see is to believe."、つまり、「百聞は一見に如かず」、という面があることをあらためて感じました。調査・学会出張中、それぞれの国でお世話になった多くの方々のお名前を挙げることはできませんが、心からお礼申し上げます。

さて、それぞれの英語変種の特徴や、その歴史的、社会的背景については、日本国内外でこれまで様々な研究がなされ、成果が刊行されてきました。本書は、そうした先行研究に非常に多くを負っています。入門書として編まれた本書の性質上、各章の映画分析や章の冒頭にあるそれぞれの英語変種の概要においては、注を付けることをしませんでしたが、いずれも各章最後の「読書案内」「参考文献」に挙げた文献を中心に先行研究を参照しながら書きました。改めてお礼申し上げます。

本書の構想や内容については、授業でも話してきました。その際の受講生のコメントにはいつも励まされ、発表やレポートを通じて、知らなかった映画をいろいろ教えてもらいました。原稿の一部を読んでくれたゼミ生のコメントも大変有用でした。

本書の出版にあたっては、企画を聞いて出版を快諾してくださった松柏社の森信久社長、そして丁寧な編集作業、温かい編集作業で最後まで執筆者一同を励ましてくださった編集担当の土谷奈津子さんに心からお礼を申し上げます。

なお本書は、平成22－24年度文部科学省科学研究費研究課題番号：22520503「英語綴り字改革運動の文化社会史的研究」、平成24年度京都府立大学重点戦略研究費「「異文化共生学」の構築：異文化の接触・交渉・共存をめぐる総合的研究」、平成23年度京都府立大学重点戦略研究費「「共生」の空間：異文化の接触・交渉・共存をめぐる総合的研究」による研究の成果の一部でもあります。

また本書は、京都府立大学文学部で積み重ねてきた、映画を通して英

語や言語文化を考える試みの一環でもあり、『講座「マイ・フェア・レディ」——オードリーと学ぼう、英語と英国社会』（米倉綽編著、英潮社）、『メアリー・ポピンズのイギリス——映画で学ぶ言語と文化』（野口祐子編著、世界思想社）、『「サウンド・オブ・ミュージック」で学ぶ欧米文化』（野口祐子編著、世界思想社）に続くものです。

　本書を読んで、映画のなかの世界諸英語に興味を持った読者の皆さんが、英語の特徴に耳を傾けながらいろいろな映画を観てくれたら、編者として大変うれしく思います。また、このように様々な英語を話す人々と交流しよう、機会があれば実際にその国を訪れてみようと思ってくれたら、これに勝る喜びはありません。

2012 年 12 月
英語ミュージカル映画『レ・ミゼラブル』公開の日に

山口美知代

●執筆者紹介●

浅井学（あさいまなぶ）
　1963年、秋田県生まれ。京都府立大学文学部教授。専門はイギリス言語文化。著書に『ジョイスのからくり細工――『ユリシーズ』と『フィネガンズ・ウェイク』の研究』（あぽろん社、2004年）、共著書に『講座「マイ・フェア・レディ」――オードリーと学ぼう、英語と英国社会』（英潮社、2005年）、『メアリー・ポピンズのイギリス――映画で学ぶ言語と文化』（世界思想社、2008年）、『「サウンド・オブ・ミュージック」で学ぶ欧米文化』（世界思想社、2010年）など。

出口菜摘（でぐちなつみ）
　1976年、京都府生まれ。京都府立大学文学部教授。大阪市立大学博士（文学）。専門はT. S. エリオットの作品、モダニズム期のアメリカ言語文化の研究。共著書に『反知性の帝国――アメリカ・文学・精神史』（南雲堂、2008年）、『「サウンド・オブ・ミュージック」で学ぶ欧米文化』（世界思想社、2010年）、『モダンにしてアンチモダン――T. S. エリオットの肖像』（研究社、2010年）など。

野口祐子（のぐちゆうこ）
　1953年、京都府生まれ。京都府立大学文学部名誉教授。サセックス大学修士（英文学）、京都大学修士（英語学英米文学）。専門はイギリス文学、比較言語文化。著書に『おしゃべりはやめられない――イギリス文学の中の語り手たち』（英宝社、2000）、編著書に『メアリー・ポピンズのイギリス――映画で学ぶ言語と文化』（世界思想社、2008年）、『「サウンド・オブ・ミュージック」で学ぶ欧米文化』（世界思想社、2010年）など。

長谷川雅世（はせがわまさよ）

　1977 年、京都府生まれ。高知大学教育学部講師。京都府立大学博士（文学）、英国レスター大学修士（Victorian Studies、TESOL and Applied Linguistics）。専門はイギリスの言語文化、主にチャールズ・ディケンズの作品を中心とした 19 世紀イギリスの小説と文化。共著書に『メアリー・ポピンズのイギリス——映画で学ぶ言語と文化』（世界思想社、2008 年）など。

溝口昭子（みぞぐちあきこ）

　1966 年、東京都生まれ。東京女子大学現代教養学部教授。津田塾大学博士課程単位取得満期退学、リーズ大学修士（文学）。専門はアフリカ英語文学。共編著書に『〈終わり〉への遡行——ポストコロニアリズムの歴史と使命』（英宝社、2012 年）、論文に "What Languages Do Aliens Speak?: Multilingual 'Otherness' of Diasporic Dystopia in *District 9*"（*Journal of African Cinemas* 8/2 2016）など。

山口美知代（やまぐちみちよ）[編著者]

　1966 年、京都府生まれ。京都府立大学文学部教授。京都大学博士（文学）、ケンブリッジ大学修士（言語学）。専門は映画英語教育学の視点を生かした世界諸英語の研究・教育。著書に『英語の改良を夢みたイギリス人たち──綴り字改革運動史　1834-1975』（開拓社、2009 年）、『英語のスタイル　教えるための文体論入門』（研究社、2017 年、共著）など。

山本晃司（やまもとこうじ）

　1978 年、奈良県生まれ。天理大学講師。関西外国語大学修士（英語学）。同大学院博士課程後期単位取得満期退学。専門は現代イギリス英語の発音変化を中心にした英語音声学。論文に「消えゆく現代イギリス英語の中舌二重母音 /ɪə/」（『日本英語音声学会学術論文集』、2018 年）、「英・米に見られる母音推移－英米人 12 人による単母音を中心に」（『現代英語談話会論集』、2018 年）など。

●執筆担当一覧●

浅井学	第4章
出口菜摘	第3章
野口祐子	第2章
長谷川雅世	コラム（p. 61, p. 149, p. 166）
溝口昭子	第6章
山口美知代	各章冒頭の英語の概要、第1章、第5章、第7章、第8章、コラム（p. 12, p. 13, p. 37, p. 59, p. 60, p. 84, p. 85, p. 105, p. 167）
山本晃司	コラム（p. 36, p. 129, p. 148）

JPCA 本書は日本出版著作権協会（JPCA）が委託管理する著作物です。
日本出版著作権協会 複写（コピー）・複製、その他著作物の利用については、事前に JPCA（電
http://www.jpca.jp.net/ 話 03-3812-9424、e-mail:info@e-jpca.com）の許諾を得て下さい。なお、
無断でコピー・スキャン・デジタル化等の複製をすることは著作権法上
の例外を除き、著作権法違反となります。

世界の英語を映画で学ぶ

2013 年 4 月 30 日　初版第 1 刷発行
2019 年 4 月 10 日　初版第 2 刷発行

編著者 ■ 山口美知代
著　者 ■ 浅井学／出口菜摘／野口祐子／溝口昭子
発行者 ■ 森　信久
発行所 ■ 株式会社 松柏社
〒 102-0072　東京都千代田区飯田橋 1-6-1
電話 03-3230-4813（代表）　ファックス 03-3230-4857
装幀 ■ 渡邊民人（有限会社タイプフェイス）
地図 ■ Craft Map
印刷・製本 ■ 中央精版印刷株式会社
ISBN978-4-7754-0186-6

定価はカバーに表示してあります。

本書を無断で複写・複製することを固く禁じます。
落丁・乱丁本は送料小社負担にてお取り替えいたしますので、ご返送ください。

© 2013 by Michiyo Yamaguchi and the other authors
Printed in Japan

インド及びその周辺

アフガニスタン

中国（チベット自治区）

パキスタン

デリー

ネパール

ブータン

バングラデシュ

・ムンバイ

アラビア海

ベンガル湾

スリランカ

インド洋